通证经济

徐明星 李霁月 王沫凝 / 著

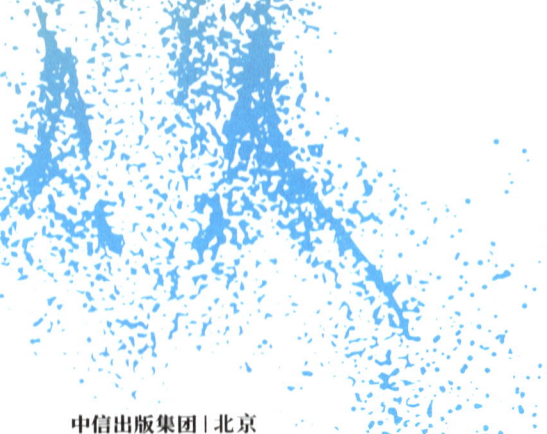

图书在版编目（CIP）数据

通证经济 / 徐明星, 李霁月, 王沫凝著. -- 北京：
中信出版社, 2019.9
ISBN 978-7-5217-0941-4

Ⅰ.①通… Ⅱ.①徐…②李…③王… Ⅲ.①信息经济—研究 Ⅳ.① F49

中国版本图书馆 CIP 数据核字（2019）第 173551 号

通证经济

著　　者：徐明星　李霁月　王沫凝
出版发行：中信出版集团股份有限公司
　　　　　（北京市朝阳区惠新东街甲 4 号富盛大厦 2 座　邮编　100029）
承 印 者：中国电影出版社印刷厂

开　　本：880mm×1230mm　1/32　　印　张：9.25　　字　数：200 千字
版　　次：2019 年 9 月第 1 版　　　　印　次：2019 年 9 月第 1 次印刷
广告经营许可证：京朝工商广字第 8087 号
书　　号：ISBN 978-7-5217-0941-4
定　　价：59.00 元

版权所有·侵权必究
如有印刷、装订问题，本公司负责调换。
服务热线：400-600-8099
投稿邮箱：author@citicpub.com

目 录

推荐序 消减不信任 / V

序 言 区块链的道和通证经济 / XI

第 1 章 **概念篇**
　　通证的概念起源及其简单定义 / 004
　　关系网：通证、代币、数字货币、区块链 / 006
　　三要素：权益、加密、流通 / 012
　　"通证"与"货币"的对比 / 013
　　小经济体内"通证"的运行 / 022
　　通证能取代货币吗 / 024

第 2 章　**理论篇**

　　通证经济下的新制度经济学 / 029

　　通证经济模型与现阶段实现 / 036

　　构建通证经济的几点要求 / 042

　　区块链通证经济生态圈 / 052

第 3 章　**技术篇**

　　从互联网到区块网 / 061

　　水到渠成的区块链 / 072

　　区块链的共识机制 / 080

　　区块链的技术简史 / 088

第 4 章　**设计篇**

　　区块链系统可以没有通证吗 / 100

　　有通证的区块链系统如何运行 / 105

　　如何设计一个合理的通证经济制度 / 114

第 5 章　**未来篇**

　　通证经济与未来公司 / 123

· 目 录

通证经济与未来政府 / 144

通证经济与未来经济 / 167

附 录 **侧链与跨链研究报告**

前言 / 189

比特币：国际货币缺锚时代里的自由竞争货币 / 192

比特币技术：基于分布式系统的融合技术解决方案 / 194

实现更充分可靠的共识和透明可信性 / 196

比特币区块链系统的技术限制 / 197

以太坊，"图灵完备"的智能合约 / 200

以太坊网络基本运行流程 / 202

联盟链及公有链 DPoS 共识机制 / 203

通证经济创造出新的权益 / 205

复杂多样的商业应用涌现 / 207

侧链及跨链技术的必要性 / 208

侧链及跨链技术的概念 / 210

侧链与跨链的核心技术难点 / 213

跨链交易验证问题 / 215

跨链事务管理 / 216

多链协议适配 / 225

闪电网络 / 226

侧链案例：比特币中继 / 233

侧链案例：LISK——基于JavaScript的可扩展公有链 / 238

跨链案例：瑞波的InterLedger——跨银行的全球清算系统 / 239

跨链案例：波卡链——创新的平行链和多链桥接技术 / 246

结语 / 251

参考文献 / 253

推荐序

消减不信任

我拿到书稿之初,对书名略感困惑,及至展读其内容,则随作者行文的条分缕析而兴味盎然,新知与联想纷至沓来。

"通证"对应于英文的"token",是人们高度关注区块链以来需重新认识并力求严谨定义的一个基本概念。"token"过去曾有多种译法,较熟悉的有代币、令牌、专用辅币、象征标志等。在区块链被视为信息革命的前沿概念后,不少专家更赞成把这个"新技术革命"语境里的词汇译作"通证",意为"可通行的凭证"。作者对这个概念进行了诠释:通证是可流通的加密数字凭证，是区块链网络的记账方式，在网络上可自由流通且由密码学加持。并且，作者指出，通证并不直接是货币（通货），也不可能取代货币，"但可以作为经济价值体系中的补充而存在"，并在论述中一步步向我们展示了这一概念足可引出一个经济学的分支——通证经济。这就很有意思了——细思、跟读而感到通证经济所包含的学问与机遇都非比寻常。

经济活动是以交易来形成供需双方互动中的实际对应，以满足社会成员的最终消费。这个循环而继起的永续过程，使人们"主观努力而落实于客观"地形成了资源配置，而研究资源配置的学问即称为经济学。循这本书的章节读来，作者正是在经济学的"资源配置"严谨定义的基础上讨论"通证"。首先，于第1章交代了通证的定义；其次，在第2章中勾画性地阐述了这种加密数字凭证作为技术手段在降低交易费用（与以尊重和保护产权的制度变迁创新互为表里）、提高效率方面的功能，又结合"经济生态""社会生态"和可升级的"文化艺术生态圈"点明了其"社区自治"（点对点、去中心化）特征；再次，以第3章解释了从互联网到区块网的逻辑、区块链的共识机制，再推

推荐序 · 消减不信任

进到第4章的主要讨论，可归结于如何设计一个以交换经济为内核、交换媒介通证化、实现区块链叠加的"合理的"通证经济形态或系统。落在这个"通证经济"核心概念上，作者于最后的第5章概略讨论了通证经济与未来公司、政府、国家治理和生产关系变革、宏观经济调控与供给侧改革相结合的前景展望。

面对新经济日新月异的发展大潮，在为数众多的人（包括我自己）还在努力弄懂区块链这一前沿概念、以求不要严重落伍的当下，作者为我们提供了一本非常及时、层次清楚的关于"通证"的读物，它能够深入浅出地把经济学原理和相关技术知识打通。这正是专家学者为适应社会强烈的现实需要所应做（却很不容易做好）的非常有益的工作！

从经济学资源配置的内在逻辑来说，其基本线索似乎可最简要地勾画出：社会分工中的生产经营（由个体、公司承担组织成本）形成产出→交换（其中需以信息尽可能对称的信任机制来降低交易成本——市场主体在此方面更多的是顺应市场竞争优胜劣汰约束条件的倒逼；同时，现代社会的央行则依托政府公权来实现法定货币符号的可信任与普遍接受）→借助货币形式实行纯收入与财富的分配→最终的消费实现。可知,从一个个社会成员的参与,到最终还是一个个社会成员的消费,全链条中如何以"人与人的关系和人与生产资料的关系"的优化处理来"解放生产力"的关键,实为人们之间信任的取得与维护:所有的矛盾、冲突(从交易费用、财产安全成本、贸易冲突的调控、商业与金融欺诈的防范……一直到"经济问题政治化"的战争)根源都在于人性的"不信任"和很难在博弈中形成共赢的方案与结果。

然而,人类社会供给侧创新引出的新技术革命,会以"通证"来最大限度地消减不信任,自然就等于以技术创新及其与制度创新、管理创新的呼应来改善生产关系,解放生产力,降低交易费用,促进经济繁荣,增加社会总福利。这其实反映的是人类社会供给侧创新从农业革命时代、工业革命时代递进到信息革命时代的基本原理,也是进而争取一步步消减"人的异化"而走向"自由人联合体"的未来理想社会仍将遵循的基本原理。人与人"信任"的有效形成、有效供给,是人类社会共同体进步和增进福祉的根本问题,而"通证"在这一根本问题

推荐序 · 消减不信任

优化解决路径上,其可能的、巨大的贡献已露端倪,自然值得我们高度重视、深刻理解、深入研究。

这本书的作者在这一新兴概念关联的新生事物领域,以"通证经济"命名的条理化、系统化论述,顺天应时,难能可贵。虽然书中的一些认识和表述现在所代表的仍是初步的思想结晶和实践认知、技术发展成果的阶段性概略总结,但我完全相信,此书对于广大读者、社会公众所能提供的关于通证概念的"启蒙"和"启发",及其必然汇入的今后这一创新领域中见仁见智的"百花齐放、百家争鸣",在供给侧改革创新中将不可回避并应当积极鼓励——这本书当属这个正在形成和发展的百花园中一枝新开的鲜亮花朵。

贾 康

第十一届、第十二届全国政协经济委员会委员

华夏新供给经济学研究院首席经济学家

财政部财政科学研究所原所长

2019 年 8 月 5 日

序　言

区块链的道和通证经济

初次接触区块链的人都会有一种感受，那就是这个行业的信息爆炸程度太高了，远高于之前的人工智能、大数据等行业。往往是旧名词还没有消化完，新名词、新技术又大量出现。区块链又因其复合学科的属性——一个新方案往往覆盖多个学科，加之无论是密码学相关的计算机技术还是货币相关的金融知识又同时存在一定的门槛，所以被广泛传播的往往是各种科普文章，以及基于科普文章的二手科普文章。于是，渐渐出现一种分裂的现象：一方面，大量二手科普文章营造出一种区块链什么都能解决的错觉；另一方面，区块链除了加密货币外又没有其他的落地应用，导致大家对区块链技术本身产生了质疑。因此，"区块链无用""区块链是骗局"等论调出现，完全否定区块链的价值和意义。就连在业内的技术圈内部，有一部分人也渐渐开始迷茫，对于区块链的研究范围产生了分歧。这些是在之前从未出现过的。

对大部分人来说，了解区块链其实并不是为了成为区块链从业者。如同对待大数据和人工智能一样，人们其实并不关心区块链的技术细节，只想知道这个技术会对自己的生活产生什么影响。这其实就是自己对一个新生事物的认知而已。

"道、法、术、器"的说法出自老子的《道德经》，后人又加入"势"这一说法。道以明向，法以立本，术以立策，势以立人，器以成事。这里笔者借助先人的经验，尝试分析区块链中的"道、法、术、器、势"是什么。

道是最上层、核心的东西，是客观存在。无论你是否愿意、是否知道，它都一直存在。道也是价值观，即判定好坏、美丑、喜恶、真假的价值标准。我们对客观的认知是不断加强的过程，

序　言·区块链的道和通证经济

但事物的本质不会改变。额外多说一句，至今区块链行业对于这一层级的讨论很少，大部分讨论集中于技术和资本方面，这是该行业发展前期浮躁的证据之一。如今行业遇冷，很多浮躁的声音渐渐消散，你能看到这篇文章已经非常难得。即便如此，笔者仍然认为道并不是能直接强加给一个人的东西，只能是每个人自身对其进行判断和理解，所以笔者不会对区块链下定义。如同一个从未见过大象的人去描绘什么是大象一样，有些东西只有你切身了解之后才能明白。

　　法是方法论，是方法和途径。《周易·系辞下》中说："天下同归而殊途，一致而百虑。"所以，法是理解道的途径。笔者认为，求道就是思考，不论是突然的灵感还是某个长久疑惑的答案，起初往往是模糊的，所以需要更进一步的证道。道是只能从自身产生的理念，但法不是，法是可以分享给别人的，因为法不是唯一的，而是殊途同归。法更是可以用来相互交流的，了解别人的法能促进自身对道的理解，让你更好地去证自己的道。

　　术是方式与技巧，是策略，这里可以理解为具体的方案，如 PoW（工作量证明）算法、分片技术、二层扩容等具体的计算机技术，以及基于去中心化交易所等各种区块链方案的设计。这些是当前大家最常讨论的东西，所以不再花篇幅详述。

器则是工具，是实现术的工具。区块链的工具其实就是计算机学家和金融学家的工具，如编程语言、经济学原理等。同样的产品或者方案我们可以用不同的计算机语言去实现，所以笔者认为非相关技术从业者无须将主要精力集中在术和器上。

笔者认为，势是一种趋势或一股不可抗的力量，或者说是时间和空间的运动方向。其实老子的"无为"思想，意指顺势，而当今的社会主流价值观恰恰相反，往往更喜欢破局，即主动出击，去引领势、造风口。所以，我们如今讨论区块链做了什么，还能做什么等话题也是对势的一种引导。

笔者撰写《通证经济》一书的序言，正是希望大家对区块链能有一个宏观的理解，然后再引出通证经济在其中的定位。

如前所述，道不是外人强加给你的理念，而是你自己对其产生的判断。所以，我不会采用"区块链的道是什么"这种方式去描述，而是尝试从区块链的历史渊源和区块链的研究目标两个层面尽量客观地去描述，让大家得出自己的结论。

"密码朋克邮件名单"和《密码朋克宣言》

2008年11月1日，秘密讨论群"密码朋克邮件名单"里出现了一个新的帖子："我正在开发一种新的电子货币系统，完全采用点对点的形式，而且不需要第三方信托机构。"该帖的署名就是中本聪。从此，比特币崭露头角。

这个秘密讨论群是什么组织？"密码朋克"又是什么？

蒂莫西·梅是美国的一位科技和政治作家，早年是英特尔公司的电子工程师和资深科学家。上面所说的秘密讨论群"密码朋克邮件名单"，则是1992年蒂莫西·梅在加州的家里和埃里克·休斯、约翰·吉尔摩一同发起的一个匿名邮件列表组织。

"密码朋克邮件名单"这个秘密讨论群在1994年已有700名成员。得益于其匿名的性质和群成员的学术修养，它成为一个非常活跃的论坛，讨论的内容涉及数学、密码学、计算机科学、政治、哲学、个人论证和攻击等各个方面。约翰·吉尔摩在一封电子邮件中提到，1996年12月1日—1999年3月1日这段时间，讨论群每天平均有30封电子邮件。1997年，该组织的成员数量估计已达2 000名。

通证经济·

在创建"密码朋克邮件名单"后的1993年,埃里克·休斯发布《密码朋克宣言》,并在文中正式定义"密码朋克"。该组织宣扬虚拟领域内的个体精神,倡议推广公钥密码学,并通过该技术更好地保护个人的隐私及财产。密码朋克为密码学的推广做出了非常大的贡献,但是他们过于宣扬个体,反对任何政府监管隐私及财产,愿意承担罪犯和恐怖分子也使用该类技术的风险,所以与主流价值观相比相对小众。

密码朋克致力于建立匿名系统……电子时代,隐私是开放的社会不可或缺的……我们不能期望政府、企业或其他大型匿名组织保障我们的隐私……如果想拥有隐私,那么我们必须亲自捍卫之。我们使用密码学、匿名邮件转发系统、数字签名和电子货币来保障我们的隐私。(《密码朋克宣言》)

不过,该组织的成员却有很多都是人类中的佼佼者。该组织几乎囊括了当代所有密码学、加密货币和互联网技术的重要人物,比如乔姆盲签名的发明人戴维·乔姆、电子加密货币系

序　言 · 区块链的道和通证经济

统 B 币（B-money）的发明人戴维、RPoW（随机工作量证明）算法的发明人哈尔·芬尼、哈希现金的发明人亚当·巴克、智能合约及比特金的发明人尼克·萨博，以及"万维网之父"蒂莫西·约翰·伯纳斯–李。

因此，笔者认为，比特币在这个组织里诞生并不是巧合。当时所有比特币所使用的技术都已经成熟，只是偶然出现了这样一个人（或组织），他（或它）汇聚了所有前人的经验，以完全匿名的形式推出比特币。比特币并不是无根之木、无源之水，而是人类无数团体中的一个小团体花了十几年的时间不停碰撞思想的结果。它的出现是混合了历史必然性和偶然性的。

2010 年 11 月 28 日，朱利安·阿桑奇创立的"维基解密"公开了大量美国国务院与美国驻外大使馆之间联系的机密电报，据统计有 251 287 份之多。此次事件影响甚大，导致了"阿拉伯之春"事件、占领华尔街运动和延续至今的土耳其、乌克兰、泰国等反对政商合一统治的占领运动的爆发。

事后，维基解密理所应当地遭到来自政府的金融封锁，包括维萨、万事达、第三方支付工具 PayPal、美国银行在内的支

XVII

通证经济·

付公司和银行都停止处理对该网站的捐赠。阿桑奇表示，维基解密到了生死存亡的时刻，有数千万欧元资金将因此被锁住。

  2010年12月5日，快两岁的比特币社区呼吁维基解密接受比特币捐款以打破金融封锁（阿桑奇本人也一直是比特币热衷者）。一向低调的中本聪难得站出来评论此事，并表示坚决反对。他认为比特币还非常脆弱，不应该卷入如此危险的旋涡之中。中本聪在2010年写道：

> 不，别把它放在维基解密上！这个项目需要慢慢发展，这样软件才能一路保持强劲。我在此呼吁维基解密不要使用比特币！比特币还只是一个处于婴儿时期的小规模社区实验。你用它顶多就是个小额支付，你们带来的热度可能会在这个阶段毁了我们。

  不过，在第一次世界货币热之后，2011年6月15日，维基解密在推特上宣布，它将开始接受以比特币形式提供的匿名捐赠。2017年10月15日，阿桑奇又发了条推特，说他的公司自

序　言 · 区块链的道和通证经济

2010年开始投资比特币，6年间赚取了高达500倍的回报，而这一切要感谢美国政府。

大家都知道比尔·盖茨第一次访华是在1994年，不过鲜有人知那次其实有一位华人陪同，这个人就是戴习为。戴习为1947年出生于湖北武汉，1981年移居美国。经过多年打拼，他凭借自身在人工智能模式识别上的研究成果，成立的公司在1991年被微软收购，他成为盖茨身边的人才。1994年时他已经成为微软技术级别最高的华人之一，他还陪同盖茨访华，并于1997年从微软公司主动退休。戴习为曾在2003年著有自传性质的《过河卒》一书，生动地描述了那段有着鲜明时代烙印的生活，以及他是如何在中西文化的冲突下取得这样令人称羡的成就的。

对比特币影响最大的项目B币则出自戴习为之子戴维之手。

1985年，9岁的戴维被父亲接到美国。得益于父亲创造的良好生活条件，戴维从小就展现出过人的天赋。初二暑假时，在别的美国学生选择给社区送报纸、擦车等打工项目时，戴维去到母亲供职的石油软件公司，独自完成了连成年程序员也要很吃力才能完成的 C 语言开发任务。高一时，他就拿着老师的推荐信提前到哈佛大学计算机系选修课程（后来转学至华盛顿州立大学）。大一时，戴维注意到了密码朋克组织，后来利用课余时间创建了大名鼎鼎的开源代码库 Crypto++，并一直维护至今。

Crypto++ 是一个非常强大的密码学库，提供丰富的加密、解密算法，包括密码、消息认证码、单向散列函数、公钥密码体制、密钥协商方案和无损数据压缩算法 DEFLATE。密码学所需的主要功能基本上都可以在里面找到，功能全且统一性好，在密码学界很受欢迎。（更详细的资料可以从戴维的个人主页 http://www.weidai.com/ 上获得。）

中学起，他就经常利用暑假在微软密码学小组实习。到大学毕业时，他已经发表一系列论文，拥有多项专利，但他拒绝了微软研究院的再三邀请，放弃了读博机会，选择自己所喜欢的方向创业去了。

与自己的个人电脑一起长大，这些人从小没有为吃穿发过愁。在他们眼中，名誉或者地位，有一点也不坏，至于更多，那就是别人的事情了。这些人经常将他们的得意之作直接放到网上，彻底开放，供人自由使用。在物质相对充裕的社会，对一个高智商的群体来说"吃饭"本不是问题，劳动，更多的是为了实现自我，为了享受，一种真正的享受。

以上摘自戴习为在《过河卒》中对戴维和密码朋克的描述。

"蒂莫西·梅的加密学无政府主义令我十分着迷，"戴维在1998年写道，"和其他传统意义上的与'无政府主义'相关的组织不同，在加密学无政府主义中，政府并不是被暂时摧毁，而是被永远禁止，即永远也不需要政府。在这个社区中，暴力没有用，而且根本就不存在暴力，因为这个社区的成员并不知道彼此的真名或者真实住址。"

1998年11月，在密码朋克邮件名单中，22岁的戴维发布了B币的白皮书，"数字加密货币"这一概念由此而生。10年后，B币成了比特币白皮书中的第一个引用来源。

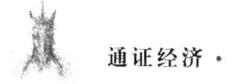

> 高效的合作需要有一个交换（金钱）的平台以及确保合同执行的方法，……本文提出的这项协议提供了交易的平台以及确保合同执行的方法，使得不可追踪的匿名参与者能够更高效地与彼此合作。……我希望这项协议能够进一步推动加密学无政府主义在理论上和时间上向前迈进。

B币首次引入了PoW机制、分布式账本、签名技术、P2P（点对点）广播等技术，以及去中心化共识去创造加密货币的思想，但是并未给出实现去中心化共识的具体技术方法。

其实，现在看来比特币并未完全体现1998年B币的设计。其一，针对货币发行，B币的发行量是基于算力自动计算的，但比特币采用了通货紧缩的固定发行总量模型。B币类似金本位制下的金矿信用，原则上不会造成通货紧缩或通货膨胀，而比特币则不是。其二，针对去中心化共识，B币考虑到全网广播和认证的效率较低，提出可以通过随机抽取某些参与者的方式验证交易和合约执行。这一思想目前也成为提升区块链扩展性的主流思路之一。

序　言·区块链的道和通证经济

但是，戴维在提出 B 币之后并没有试图解决这些问题。"我没有继续研究这些问题是因为在写完 B 币的提案之后，我对加密学无政府主义已经感到有些幻灭了。"戴维后来在科技论坛 LessWrong 上解释道。他又说道："我没有想到这样一个系统投入实践之后，会吸引如此多的关注，并且会被这么多人使用，而不仅仅是加密朋克那群加密学铁杆'粉丝'。"

柯克霍夫原则与开源文化

大家都知道可口可乐，据说可口可乐的神秘配方已保密长达 120 年之久。这款风靡全球的饮料的配方，为何没有泄密？他们是怎么做到的？可口可乐给出了官方说法："目前配方被保存在亚特兰大一家银行的保险箱内，保险箱的钥匙由三个人保管。这三个人不能同时乘坐同一架飞机。为避免出现意外，他们同时与公司签订了保密协议。"这当然是个成功的市场营销案例。

资料显示，在 1979 年，可口可乐就与中国粮油集团签订合同，获准向中国出售第一批瓶装可口可乐。不久之后，《人民日

XXIII

报》上就刊登了这个可口可乐神秘配方的故事报道，尤其强调了保护配方的各种夸张手段。如同我们现在的热搜一样，这个故事被广为流传，大家也都争相去品尝那神秘配方制造出来的味道。口口相传，可口可乐成了随处可见的消费品，成了最早占领中国市场的国外品牌之一。这就是可口可乐导演这个故事的原因。人们对可口可乐的忠诚不是因其口味，而是因其口味背后那个故事带给人的神秘感觉。

不过，你知道这个世界上还有一种开放可乐吗？

开放可乐是一个很特殊的可乐品牌，其特殊之处在于其制作配方可以自由获取，并且允许任何人任意修改。任何人都可以调配这种饮料，而且可以随意改进其配方，因为这个配方是基于"革奴计划"通用公共许可协议许可的。

"革奴计划"通用公共许可协议是一个被广泛使用的自由软件许可协议，最初由理查德·斯托曼为"革奴计划"而撰写。此许可协议的最新版本为第3版，于2007年6月29日发布。"革奴计划"通用公共许可协议是改自通用公共许可协议的另一个版本，它应用于一些软件库。

虽然开放可乐的故事最初也是作为宣传工具，用于推广及宣扬自由软件与开源软件，但是开放可乐仍有自己的市场，并且在全球已经卖出超过 15 万罐之多。这家公司位于多伦多，当初因推出这款饮料而声名大噪。其实该公司原本的想法是借此故事推广自己的软件，不过软件反而无人关注。该公司的人员分析，开放可乐的成功主要缘于大家对寡头公司日渐产生信任危机，这是人们对私有智财产品（秘方）的自然反应。

从上述开放可乐的故事，笔者想引出一个密码学中的原则——柯克霍夫原则。

柯克霍夫原则由奥古斯特·柯克霍夫在 19 世纪提出：即使密码系统的所有细节已为人悉知，只要密匙（又称密钥）未遭泄露，它也应是安全的。

信息论的发明者克劳德·香农后来将其总结为"敌人了解系统"，这一说法也被称为"香农箴言"，即它和传统意义上使用隐秘的设计等来提供加密的隐晦式安全想法在本质上是相反的。

后来，埃里克·雷蒙将其引申到开放源代码软件，声称一套未假定敌人可获得源代码的信息安全软件是不可靠的，即"永

无可信的封闭源码"。换句话说，开放源代码反而比封闭源代码更安全。这一观点被称为透明式安全。

上述这些人所描述的是这样一件事情：我有一个设计精巧的魔术机关盒子，反直觉的是，保证这个魔术的隐蔽性的方式并不是把这个盒子的设计细节藏起来，如可口可乐公司做的那样，而是公开所有的设计细节，接受所有人的挑战和检验。如果经过一段时间，没有人能成功找到这个盒子的缺陷，那么我们是不是就可以认为这个盒子是安全的？

实际上，民间使用的大部分密码算法正是这种公开的算法，而比特币——我们所见到的第一个区块链应用，也采用了开源的模式向公众证明自己并非有所隐瞒。所以，我们说比特币并不是基于信任（相反，它是基于不信任）而创造的系统。在一个危险且未知的网络环境中，我能相信的只有我自己——无论是代码还是算法、数据。所以，我们看到比特币社区对于核心协议的修改是不会在以下事情上有所妥协的：系统主流节点必须是全量账本（只相信自己的数据，与之相对的是以太坊提出的弱主观性），代码必须开源等。

金本位制与法定货币

比特币的白皮书发布在 P2P 基金会的网站上,注册 P2P 基金会账号必须提供出生日期,中本聪填写的是 1975 年 4 月 5 日。这是中本聪在网上留下的有关个人隐私信息的唯一细节。当然,其实大部分人都不相信。不过 4 月 5 日这一天的确是货币史上具有重要意义的一天。1933 年 4 月 5 日,时任美国总统罗斯福签署了第 6102 号法令。

> 禁止个人囤积价值超过 100 美元的黄金。团体、企业和其余机构必须到联邦储备银行或美国联邦储备委员会的会员银行依照每盎司[①]黄金 20.67 美元的价格交出手中的黄金。任何被发现违反规定的人将面临最长 10 年的监禁和高达 1 万美元的罚金。

1933 年正值美国历史上大萧条的高峰期,美国政府没收、

---

① 1 盎司 =28.349 5 克。——编者注

充公美国人的黄金,并以美元交换。这导致美元大幅贬值,黄金价格高企,其目的是让美国的债务贬值,从而对抗大萧条,但造成的后果是美国人的财富被大量洗劫。有许多人认为这是美国政府最违犯宪法的行为之一。这是政府对民众最直接的"盗窃"行为之一,且未经民主程序。那么,在1975年又发生了什么呢?1975年,福特总统签署《黄金合法化法案》,美国人可以再次合法持有黄金。

让我们将目光从1975年转移到2008年全球金融危机上,这是一场从2007年8月9日开始浮现的金融危机。自次级住房抵押贷款危机爆发后,投资者开始对住房抵押贷款证券的价值失去信心,引发流动性危机。直到2008年9月,这场金融危机开始失控,并导致多家大型金融机构倒闭或被政府接管,引发经济衰退。

英国政府拨出500亿英镑,采取直接注资而非购买不良资产的方式救助金融机构。这种模式随后被其他工业化国家争相效仿。

2009年1月3日,中本聪发布了开源的第一版比特币客户

序　言 · 区块链的道和通证经济

端，宣告了比特币的诞生。他同时通过"挖矿"得到了 50 枚比特币，产生第一批比特币的区块就叫"创世区块"（Genesis block）。在全球金融危机时期，中本聪将他的怀疑和愤怒集中在银行机构上，但与用生日密码挖苦美国政府一样，他不动声色地嘲笑了英国时任财政大臣达林一把。他在创世区块里写道："英国财政大臣达林被迫考虑第二次出手纾解银行危机。"这正是当天《泰晤士报》的头版新闻标题。

　　分享了一些历史之后，我试图从侧面总结目前区块链行业所面临的问题。这些问题的焦点是我们技术工作者致力于解决的问题，也是一个具体的区块链系统的核心设计思想，或者说设计哲学。我将其分为 4 个层面：系统的使用者、系统的安全性与活性、系统的成本、系统的安全。

　　其中，系统的使用者是指系统是由什么样的用户组成的。用户是否对匿名安全有需求：身份需要匿名，还是交易也需要匿名，甚至智能合约调用也需要匿名？还有使用者的粒度划分：全都是个人的系统还是既有个人的系统也有团体的系统？系统中是否需要委托机制，比如代理投票等功能？每个系统所面临

XXIX

的都是不同的需求，因此由其所衍生的解决方案固然不一样。

系统的安全性与活性通常不可兼得。在分布式系统领域中，这方面的研究已经有非常多的讨论，可以用我们生活中最常见的两个移动应用来解释：支付宝和微信。如我们在使用支付宝转账的时候，我们可以忍受一笔交易在网络条件不好的时候花费很多时间支付甚至失败，但是不能允许钱被扣了对方却没有收到——这就是对安全性的高要求。使用微信的时候则不一样，在我们给朋友发送一条消息的时候，我们对于这个消息是否已经被对方接收并没有强需求，反而是要求应用马上对发送这个动作有回馈就行，如果对方没收到消息我们就再发送一条，大部分时候我们也是这么做的。因此，我们对其活性要求更高。对一个具体的技术方案来说，实际上大部分时候它都在不同的分支下平衡这两者的关系。

系统的成本分为开发成本与运维成本。使用已经存在的技术可以大大降低系统的开发成本，但是不一定符合自身业务的需求，由此才会出现各式各样的公有链、联盟链等。区块链存储层的特别设计也带来了其高运维成本的问题，尤其是在性能进一步提升之后。不过这也是区块链不可篡改的核心技术之一，所以很多时候人们基于对成本的考虑，对于一些功能也许会有所删改——永远不可篡改降低为一定时间内不可篡改也是可以接受的。

系统的安全分为系统安全和合规安全。这一层级的考虑实际上与其他金融科技技术并无区别，一方面通过技术手段保证系统级别的安全，另一方面在业务架构设计上要符合系统运营所在地的法律合规安全。

最后，我们说一说区块链的法。基于笔者自身的经验，将区块链的研究分为4个方向的基础技术：分布式账本设计、权限角色设计、激励机制与应用设计。基于这4个方向又衍生出两个主流学派：加密经济学和通证经济学。

分布式账本设计属于分布式数据库技术，是一种在网络成员之间共享、复制和同步的数据库。分布式账本记录网络参与者之间的交易，比如资产或数据的交换。分布式数据库的基本特点包括物理分布性、逻辑整体性和站点自治性。从这三个基本特点还可以导出它的其他特点：数据分布透明性、按既定协

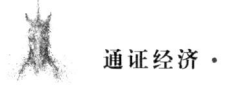

议达成共识的机制、适当的数据冗余度和事务管理的分布性。区块链中的分布式账本设计主要用于解决分布式一致性问题。

权限角色设计则专注于线上线下的参与者角色及其权限划分，以及基于角色流转的流程设计。一个系统往往是由多种参与者角色（比如生产者、供应商、合作伙伴、开发者、系统维护者等项目干系人）组成的，这些项目干系人拥有、控制并行使他们在系统内的权力。区块链的权限角色设计与生态和业务有非常紧密的关系。

激励机制专注于激励机制的设计，通过激励/惩罚手段，提高作恶成本，降低安全假设门槛。实际上这一点也是争议最大的一点，有一部分人过于夸大地宣传这一点，甚至上升到了政治高度。从技术角度来看，它只是带来了一种新的降低安全门槛的理性假设而已。通过引入理性假设，可以使分布式一致性问题应用到更多的场景中，如同1999年，米格尔·卡斯特罗与芭芭拉·利斯科夫提出了PBFT（实用拜占庭容错）算法一样，使我们可以在放松对活性要求的情况下解决此类问题，为此利斯科夫获得了图灵奖，区块链中的理性假设也是一种新的思路。

应用设计则专注于具体应用的设计,如已经比较成熟的通证拍卖应用,以及预测市场、域名交易、去中心化交易所等各种溯源类的联盟链应用。

加密经济学由分布式账本和激励机制组成。该学派主要由有计算机背景的人提出和推动,研究方向包括共识算法、状态通道、公平抽签等偏技术问题,同时也在研究最初的一批应用,算得上应用设计的启蒙。更详细的部分这里不展开叙述。

到这里我们才提到这本书的主角——通证经济。其实在收到撰写序言的邀请之后,我就一直在思考要怎样去阐述这样一个本身比较新且在快速发展的学科。最终,我选择了这样一种从宏观到微观、从价值观到方法论的方式。

通证经济分为系统及应用两个分支。系统分支主要由权限角色设计与激励机制组成。应用分支主要研究应用设计。该学派主要由有金融背景的人提出和推动。系统分支的研究方向包括生态通证模型设计,应用分支则专注于对传统金融模式的改革,如推动数字身份标准、实体经济数字化、央行电子货币等区块链应用研究。

提到区块链中的经济学,就不得不提制度经济学这一流派。制度经济学的起源可追溯到19世纪40年代,以F.李斯特为先驱的德国历史学派。历史学派反对英国古典学派运用的抽象、演绎的自然主义方法,而主张运用具体的实证的历史主义方法,强调从历史实际情况出发,强调经济生活中的国民性和历史发展阶段的特征。19世纪末、20世纪初,在美国以T.凡勃伦、J. R. 康芒斯、W. C. 米切尔等为代表,形成了制度经济学派别。其中制度指的是人际交往中的规则及社会组织的结构和机制。制度经济学是把制度作为研究对象的一门经济学分支。它研究制度对经济行为和经济发展的影响,以及经济发展如何影响制度的演变。

在区块链系统中,理性假设的前提需要依赖其激励机制的设计,其激励机制的设计又牵涉权限角色所构成的生态,而这个生态的设计其实就是一个小型的制度设计。所以,此类学派并不关心密码学或者分布式一致性等计算机学科的问题。

OK区块链工程院共识算法专家 许乾

第 1 章

概念篇
从量变到质变,区块链发展到最终篇

比特币或者说区块链诞生之初，只是少数人的玩具，仅在一部分朋克社区和技术极客之间被讨论。经过时间的累积和认知的普及，区块链领域的积淀日渐深厚，具备了从量变到质变的力量。

从点对点交易到智能合约再到泛区块链应用的生态模型，区块链以递进式的进程不断发展，这同时也是区块链不断发展、不断完善的推进过程。那么，我们不禁会发问，区块链之后是什么呢？会是通证经济吗？

这一章，我们除了简单地介绍通证的概念起源、定义、三要素等，还针对一些时下热议的话题从多维度做了辩证的思考。比如，通证和区块链有什么区别？通证能取代货币吗？通证在现行经济体中充当什么样的角色？

通证的概念起源及其简单定义

在解答这些问题之前,我们有必要先了解一下通证。通证的发展大致经历了三个阶段:在互联网时代,通证最初是指登录验证的令牌;后来到以太坊 ERC20(一种代币开发标准)出现后,通证发展为可以在交易所直接交易的资产;现如今,当"通证"由"token"翻译而来并被广泛接受和使用时,第三阶段到来了,通证的内涵也进一步扩大化。

目前,通证的定义是"可流通的凭证"或者"可流通的加密数字凭证"。我们可以看到,在区块链发展的较初级阶段,通证还未真正进入大众视野,人们对于通证的了解也相对片面。在

第1章 · 概念篇

那段时期，人们对于通证的普遍认知总是与代币相关联。到了区块链蓬勃发展的今天，通证终于拥有了更符合其特性的定义。人们开始将可流通的凭证拆开来看待，首先是可流通，其次才是凭证。

首先，我们来聊一聊可流通。说到可流通，大家的第一反应可能就是货币了，货币在某种程度上可以说是最广泛的流通手段。相比货币，通证又有哪些独到之处呢？通证自然不是货币，但在通证经济的生态中，它既是价值传递、价格发现的介质，又能作为对标现实的价值体系。对于通证与货币的关系，我们也将在后文中进行进一步的探讨。

其次，我们来聊一聊凭证。凭证可以理解为权益，它是一种证明手段，更是一种社会共识，同时又代表着相应的价值。由于通证经济是以区块链作为技术载体的，所以保证了它作为凭证的可识别和防篡改特性。同时，通证的凭证范围相当广，无论是一只股票还是一栋房产，抑或是个人信用、权利，都可以作为通证登记在区块链上。

关系网：通证、代币、数字货币、区块链

通证是区块链发展到高阶生态的产物，通证经济则是通证基

于区块链技术进一步推进的结果。通证经济将作为桥梁，连接现在与未来。那么，通证、代币、数字货币与区块链之间又有怎样的区别和联系呢？

谈到通证，最常见的问题莫过于通证与"币"的关系了。其实在早些时候，人们曾经将通证等同于代币，然而区块链发展到今天，用"代币"一词来代表泛区块链应用的生态模型中维持生态循环并将其往前推进的助推器似乎显得过于片面了。通证就是币吗？答案自然是否定的。在日常对话中，提及区块链，往往就不得不提到币。比特币的"币"、某个项目发行的"币"或者未来经济生态圈中流通的"币"可能都不是同一种"币"。

一般而言，在区块链中，我们提到的币都属于"加密货币"。加密货币作为去中心化的虚拟货币，是一种作为交换媒介的数字资产。它使用强大的密码学来保护金融交易、验证资产的转移，并严格控制新单位的创建。如果把加密数字货币放在更大的空间内看，它就同时隶属于虚拟货币和数字货币。

我们可以将虚拟货币看作一种价值的数字表达，其中去中心化的一部分包含加密货币，而中心化的一部分则包含Q币（腾讯推出的一种虚拟货币）、游戏币等权益息票或者手机端支持的移动息票。相比虚拟货币，数字货币的范围则更大一些，因为它还包含被监管的部分，如电子现金等。

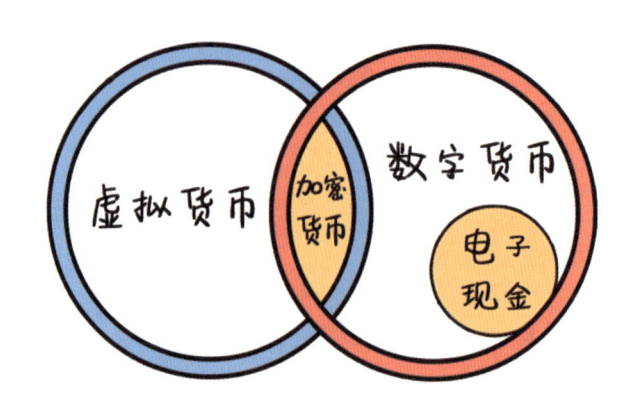

第 1 章 · 概念篇

简而言之，通证能不能与加密货币画等号呢？自然不能。

加密货币分为以下几类：

（1）原生或内置代币，如比特币、以太坊；

（2）资产支持代币，通过 ICO（首次币发行）发行，如量子链；

（3）资产衍生代币，通过 IFO（首次分叉发行）发行，如比特热点、比特币现金。

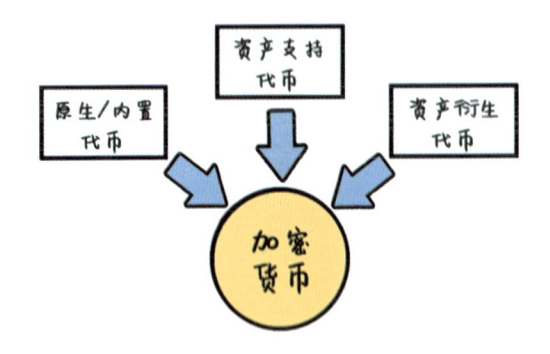

按照加密货币研究人员简·兰斯基的说法，加密货币系统将满足以下条件：

（1）系统是一个去中心化的系统，支付在系统运行过程中就能达成共识；

（2）系统对加密货币单元及其所有权进行了概述；

（3）系统定义了是否可以创建新的加密货币单元及如何生成这些新的加密货币单元并确定其所有权；

（4）加密货币单元的所有权可以用密码来证明；

（5）系统允许加密货币单元的所有权发生更改的交易进行，只有当现阶段该加密货币单元的所有权可被整个系统证明时，交易才算完成；

（6）如果同时输入两个不同的指令来更改同一加密货币单元的所有权，那么系统将最多执行一个指令。

进一步解释来说，加密货币系统并不是一个中心化的或者需要某个中间机构背书才能进行交易的系统。在这个去中心化的系统中，支付是点对点的，在系统运行过程中自动达成共识。同时，该系统会记载加密货币单元及其所有权，并对加密货币单元的生成方式及其所有权进行描述，类似比特币。

加密货币单元的所有权通过密码证明，即"挖矿"时通过计算哈希值确认交易。当交易发生更改时，需要整个系统的确认，即要保证交易的不可篡改性，使交易更加安全。当有记录者进行错误录入时，需要根据多数票规则录入，进一步保证交易的正确性。

根据分类，通证可以算是加密货币的一种，因为它既可以流通又可以交易。然而，在泛区块链生态系统中，通证可以是任何权益、价值，而不仅仅是代币权益证明。因而在某种意义上，我们又可以将数字货币看作一种特殊的通证。通证是可流通的加密

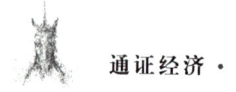

数字凭证，是区块链网络的记账方式，在网络上可自由流通且有密码学加持。

三要素：权益、加密、流通

在前文中我们说过，通证的定义是"可流通的凭证"或者"可流通的加密数字凭证"，它有三个必要的要素。

第一个要素是"权益"，即通证具有固有或内在的价值，是价值的载体和形态。它既可能是看得见、摸得着的商品，也可能是没有实体形态的股权，甚至可能是一种信用或者权利。它来源于社会对其价值背书方信用的认可。

第二个要素是"证"，即通证有密码学加持。它具有真实性，可以被识别，无法被篡改。这也是通证能够流通的条件。

第三个要素是"通"，即通证必须能够在一个网络中流动。它可以被使用、转让、兑换、交易等。

这三个要素共同构成了通证的三个基本面，通证就是这三者所组成的统一体。

权益 证 通

⬇

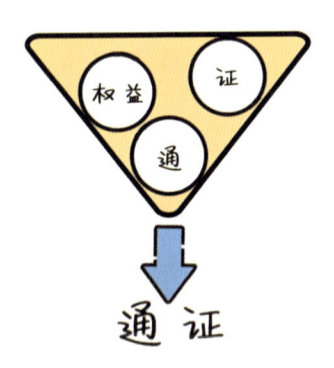

通 证

"通证"与"货币"的对比

区块链应用项目与通证经济是相辅相成、互为依托的存在。在一系列前景广阔的区块链应用项目中,如何令有真实需求的交易行为顺利进行,是区块链应用项目立足的根本。在没有区块链的世界中,这些交易行为被激励机制、交易成本或者支付方式等问题局限而难以有效进行。

资产与通证有机结合,俗称"上链"。在"上链"的过程中,既需要一个被大众承认的受信机构将通证与资产的对应关系规范化,又需要确保在法律意义上将区块链外的资产、交易与区块链内的电子凭证一一对应。

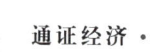

首先是通证与资产之间的对应关系。当一个经济系统运行时，最重要的一个问题就是如何度量这个经济系统中出现经济的价值，这个度量价值的东西需要具有稳定的性质。众所周知，最早的货币是拥有真正内在价值的代币，如贝壳、金、银等。

第 1 章 · 概念篇

最早具有象征意义和法定价值的货币是中国商朝的铜贝。铸币的诞生使交易更加简便,社会的快速发展使 20 世纪后半叶货币演变的进程变得令人难以捉摸,但货币已经开始趋于虚拟化。在货币的价值创造中,只需要保持其特定形态,铸造材料的含量与其价值呈正相关。简单来说,货币已经演变成了一种象征符号,其本身的内在价值为多少并不重要。

之后,漫长的历史发展也印证了这一点。在人们所熟知的周朝的铜币出现之前,人们就已经开始使用贝壳货币这种复制品来代替"贝壳"了,这种贝壳货币里面并没有任何贝壳成分。到 1965 年,美国也开始无银化,他们去除了 25 美分硬币中银的成分。虽然铸造硬币的材料价值（即内在价值）减少了，但其市场价值仍然保持不变。

伴随着货币与其内在价值的分离，市场对铸币技术的要求也在不断提升。人们对于货币市场价值的信任来源于国家权力机关，但对货币本身的信任则来源于货币的铸造机构，因此货币铸造机构有义务铸造出不易被复制且难以被追踪到授权发行者的稳定货币。日益完善的货币制作工艺涉及独特的合金和纸材料的选择、金属冲压、印刷技术、墨水性质、隐形图像等方面。

第 1 章 · 概念篇

这些技术通过简化验证,成为货币信任稳定的源泉。技术的进步使货币的内在价值和其被广泛认可的市场价值二者更趋于独立。这也启发我们在现在的金融创新中要将技术作为货币演变的助推器纳入考虑范围。

20世纪，信用卡、借记卡等交易工具的兴起标志着货币进一步向虚拟化演变。这些交易工具的广泛使用扩大了交易范围，使交易更加快捷简便，并减少了具象货币的使用。从发行方获得买卖双方的认可到被政府部门接受，卡类交易工具不断普及。20世纪末，互联网技术的诞生更为这类交易工具的发展创造了条件。

进入21世纪，数字化技术推动了金融服务领域的创新，使有形货币逐渐退居市场幕后。货币发展的最终形态是任何形式的有形工具都将消失。在日常生活中，出门不再携带钱包已经变成司空见惯的事情了，因为移动设备的支付服务可以使交易通过网

第 1 章 · 概念篇

络即时结算。

电子商务推动的创新从寻求资金转移的替代方式开始。传统渠道提供的是基于信用卡、借记卡的交易结算服务，因此在线支付系统一般与买卖双方已有的信贷或者借记工具相关联，有时也为不具备这种工具的小额卖家增加银行卡结算服务。[1]

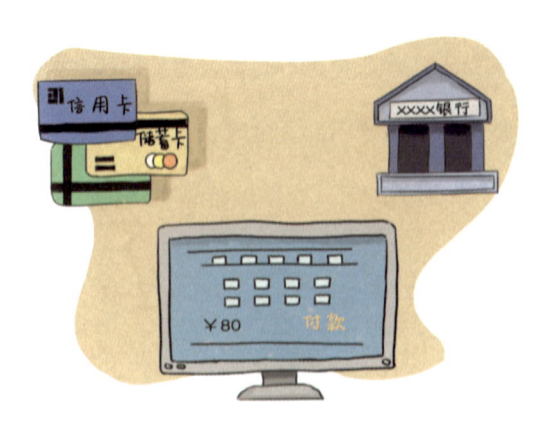

互联网商品的售价极具竞争力，尽管其省去了中间商的成本，但为了进一步保证其利润，或者出于平台交易机制的原因，

互联网商家不可避免地采用在线支付系统进行交易。完全基于互联网的结算代理第三方不断发展，大大降低了买卖双方交易结算和货币化的成本。[2]

对消费者之间的交易平台而言，客户同时作为买家和卖家，用基于平台的统一在线账户进行交易将更加便捷高效。各大电子商务平台一般以部署系统内部资金或者直接电子对接买卖双方银行账户"类银行"服务的方式，承担结算功能。

第 1 章 · 概念篇

在未来，技术创新将进一步降低交易成本，非居间化进程也将被不断推进。此时，通证的概念应运而生，它也是货币进化史的必经步骤。非居间化的最终形式便是与通证互为表里，因为通证的存在使交易在给予区块链的系统中储存资金，无须中央结算处理系统的中介机构便可使交易活动即时完成。

无须中央结算处理系统的中介机构分配交易费用和对储值服务取代信贷服务的鼓励，最终驱动了通证的诞生。

通证经济·

小经济体内"通证"的运行

德勤中国的研究报告指出，目前已经广泛存在的储值系统其实就是通证经济的一种形式。对客户而言，该通证系统带来的正向激励作用来自公司给予的储值折扣或者返利。这是为了弥补顾客因将投资放到别处而带来的利息损失，即机会成本。对公司而言，激励则来源于客户用储值卡在该公司消费的忠诚效应。

目前最受欢迎且被大众普遍接受的积分卡广泛存在于网络游戏、博客和即时通信服务公司里，成为中国消费者基金的重要组成部分。互联网市场上的供应商提供相关储值卡服务，包括储值卡的买卖和兑换相应的实体商品等。随着客户群体的逐渐扩大，相关整合商和保理商的数量迅速膨胀，愿意接受积分卡支付的卖家数量也在不断增加。

然而，并非只有真正的卡片才能称为"卡"。由于互联网、大数据、人工智能等技术的发展，卡本身逐渐被虚拟化。储值卡最初是以实体卡片的形式存在的，如游戏点卡、手机充值卡、消费储值卡等；现在消费者可以从网上直接购买电子储值卡，甚至实体购物商店的权益卡片也逐渐被手机上的电子卡片取代。另外，塑料实体卡所代表的身份凭证，也可以被电子卡号、身份证信息和手机验证码等轻松取代。这些"卡"实际上都是初级通证的一种体现形式，这种通证建立在公司与客户之间。

客户通过自己购买或支持公司的产品表现自己的忠诚度，公司根据其所发行卡的数据记录来相应地评价客户，甚至有时还能根据卡上面的消费记录来为客户推荐合适的产品。这便是储值技术的进步所带来的消费者与公司关系的转化。未来，客户或许能通过公司所发行的通证记录的信息反观公司运行的好坏，避免所谓的店大欺客。

通证能取代货币吗

首先，通证虽然与货币息息相关，但通证并不是货币，也不可能取代货币。信用货币的诞生离不开权力机构的介入，因为货

第 1 章 · 概念篇

币本质上是建立在信用的基础上的。很多货币本来并没有价值，权力机构的信用背书赋予货币广义上的价值并使其得到群众的认可。货币权力必须属于国家，所以通证不可能取代货币，但可以作为经济价值体系中的补充而存在。没有国家的授权和支持，所谓"取代货币"只是自欺欺人。[3]

为什么人们会误认为通证就是"代货币"呢？笔者认为首要的原因是现实中纸币总给人一种幻觉——人能够通过手中持有的纸币行使自己的权力，而通证只是一种在一个狭小范围内的使用权，一般不会超出这个项目本身，人们不能将其误认为是可以流通于整个社会的法定货币。所以，通证充当现实货币是没有意义的。

其次，我们也可以认为央行的法定货币就是一个国家的通证，它是不能被替代的通证。我们在前文所提到的通证系统仅仅代表一个微观经济个体，要么是公司这个微观经济个体和市场之间的通证系统，要么是存在于这个微观经济个体中的各个子个体之间的通证系统；而整体的国家运行应该是所有企业的一个加总性的宏观效用，仅仅一个微观的通证系统是不够用的。

未来，一个国家可能使用区块链的技术来发行货币；而通证仅是一个微观经济个体的使用权，这个微观经济个体本身的使用维度就限制了其无法在整个经济体中流行开来。

第 2 章

理论篇

通证经济生态圈，公平健康和谐

我们说通证是一种可流通的凭证，有了区块链技术的依托和互联网平台的加持，通证已经不单单是作为可流通的凭证独立存在了。作为构成通证经济体最重要的一环，通证的效力使通证经济模型渐渐浮出水面。

　　本章将从新制度经济学的角度剖析通证经济的理论，同时简要概述建立通证经济模型的几个要求，如何构建区块链通证经济生态圈等。

通证经济下的新制度经济学

　　消费者在进行交易时，关注的重点往往是既定花费为其自身带来的效用而非交易成本。交易成本是指在建立商品交易过程中，没有被交易主考虑到而损耗掉的成本，时间成本、保险成本

等都可以算作交易成本。新制度经济学就是这样一个侧重于交易成本的经济学研究领域,它主要分为四大部分。

交易费用理论

交易费用是新制度经济学最基本的概念。罗纳德·科斯在其1937年的论文《企业的性质》中提出了交易费用的理论,他认为:"交易费用应包括度量、界定和保障产权的费用,发现交易对象和交易价格的费用,讨价还价、订立合同的费用,督促契约条款严格履行的费用等。"[1]

交易费用为何与新制度经济学息息相关呢?新制度经济学是研究新旧制度交替的经济学理论,而新旧制度交替的根本来

源于经济效率的提高。经济效率的提高是通过资源的合理配置实现的。交易费用理论表明了交易活动的稀缺性，同时，市场的不确定性导致交易的实现是有代价的，这就进一步涉及资源的配置问题。经济学的根本就是研究稀缺资源的配置，因此交易费用的提出对于新制度经济学具有重要的意义。[2]

产权理论

产权的本质是社会关系。在鲁滨孙一个人的世界里，产权是不起作用的。从新制度经济学理论来看，产权是一种权利，作为社会的基础性规则，它规定了人与人之间的相互行为关系。产权经济学家阿尔钦认为:"产权是一种通过社会强制实现的对某种经济物品的多种用途进行选择的权利。"人类社会是人与人相互交流、相互交往的有机整体,只有在这样的有机整体中,人们才有相互尊重产权的必要性。[3]

产权的实质是一系列激励与约束机制,因而会进一步影响和激励行为。产权包括所有权、收益权、使用权、处置权等,是一系列权利所组成的权利束。交易的发生就意味着两束权利的交换。新制度经济学认为,交易中产权束的差异使物品具有不同的交换价值。产权安排将直接影响资源配置效率,因此产权安排对个体的激励将直接影响社会的经济效率。[4]

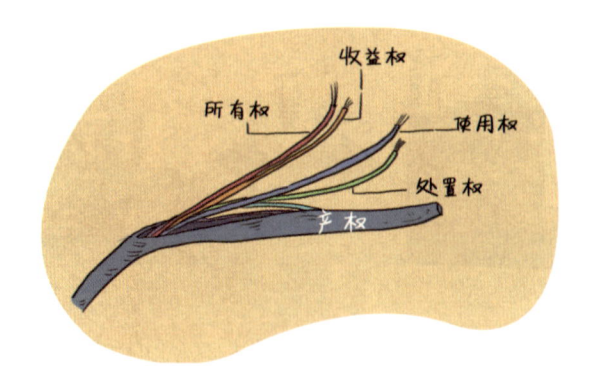

企业理论

新古典经济学理论中,生产制度体系是单一的市场机制。科斯运用交易费用分析工具,将其拓展为彼此存在替代关系的、包括企业与市场的二重生产制度体系。[5]

市场机制的运行需要成本的支持,企业的出现为节约市场运行成本创造了先决条件。企业作为一个组织,允许企业家作为权威来支配资源以节约交易费用。[6] 市场机制与企业同为资源配置的手段,二者可以互相替代,而根本动力来源于节约交易费用。这是否代表着企业可以无限地扩张,以节约交易成本呢?当然不是。企业的管理也有成本,当利用企业方式组织交易的成本等于通过市场交易的成本时,企业规模达到最大。

制度变迁理论

制度变迁理论是新制度经济学的一个重要内容。其代表人物道格拉斯·诺斯认为，国家长期的经济增长与社会发展，离不开制度，制度具有决定性作用。技术的发展与革新推动了经济的增长，然而经济要想长期发展，只依赖技术的革新是远远不够的。只有人们拥有制度创新与变迁的意识，并进一步通过制度的建立

巩固技术革新的成果，才能推动经济社会的长期发展。

制度变迁理论的三大基石为产权理论、国家理论和意识形态理论。[7]制度变迁的原因，制度的起源，制度变迁的动力、过程、形式等都是制度变迁理论的重要内容。制度变迁是一种相对收益较高的制度对收益较低的制度的替代过程，因此节约交易费用是带来制度变迁的原因之一。

总的来说，交易费用理论是新制度经济学的基石和理论发散的根本，在其他理论中我们或多或少地都能看到交易费用理论的影子，即可将其看作该理论的拓展或延伸。产权的界定、执行和保护因交易费用的存在而显得尤为重要，从而催生了产权经济学理论。

同样因为交易费用的存在，合约形式的选择也对资源配置效率起到了至关重要的作用。国家、企业和市场作为三种具有代表性的组织选择，是由差异化的合约选择决定的。同时，在不同的约束条件下，不同组织的选择可以使交易费用实现最小化。

通证经济模型与现阶段实现

通证经济模型中的价值传导机制可以分为两部分：一部分为投资与投机需求，即投资者以资产增值为目的持有通证；另一部分为实际的使用需求，即用户以在应用场景内使用为目的持有通证。

第 2 章 · 理论篇

通证有多种多样的类型，为了能直观地了解通证经济模型的价值传导机制，此处只分支出了这两个部分。之所以将持有通证的目的一分为二，是因为不同需求的人群具有不同维度的价值观。

在实现使用需求层面，通证完成了价值创造的过程，即通证在这一过程中实现了流通并能与现实对标，通证不再是一个简单

的符号或者是一个名词。用户在社区中达成了接受该通证的普遍共识，同时通过交换完成了价值创造的过程。

在投资需求层面，通证则完成了价格发现的过程。投资者在这场博弈中只关心自己持有的通证能否在未来因价格上涨而实现手中资产增值的诉求，他们并不关心该通证是否具有更多的使用场景，或者能否在未来使用该通证在楼下的咖啡店买一杯咖啡。投资者希望自己的资产能够保值，投机者则通过不断地交易为通证提供了流动性。

类比欧文·费雪的货币数量论，货币流动性与物价水平之间呈正相关，因而当通证的流动性增加时，其价格会上涨，用户

对该通证的信心会增加，从而正向激励用户更多地持有与使用该通证。

同时，如果有更多的用户使用该通证，发行方的信心就会增加。而且通证价格上涨使发行方有更多的资金，从而构建更成熟、更广阔的生态，令通证使用场景增加。例如，使用该通证本来能够在中国境内购买咖啡，后来在全球范围内都可以使用该通证购买咖啡，此时，该通证的价值提升，而后又会吸引投资者、投机者持有该通证，实现正向的激励自循环。

尽管从理论上来说，实现通证经济生态圈的正向激励自循环是可行的，但是从实践上来说，如果通证的价格一直上涨，那么用户用它抵扣交易手续费就显得不那么合算。当用户既有投资需求又有使用需求的时候,生态圈理论上的螺旋式上升便自相矛盾了。

通证经济生态圈

对标现实,我们看到许多通证项目的设计者并没有明确目的就急于打造通证经济生态圈以求抢占先机。他们缺乏长远发展的意识,或者说他们因对这个行业缺乏责任感而贸然下手。这些通证项目的共同点是把通证的价值构成混淆,以一种通证承载了可能存在矛盾关系的价值。

在通证经济发展初期,大众可能还会因对通证的认知尚未达到相应的高度而盲目持有通证,不考虑其内在价值体系。但随着通证经济的进一步发展,具有旺盛生命力并可持续发展的通证必须是以现实场景为支撑且价值构成明确的通证。当然，解决这个矛盾的另一个办法是一个项目发行多种通证，每一种通证代表一种价值，比如代表使用价值的消费通证、代表增值价值的股权通证和代表权益价值的权益价值通证。

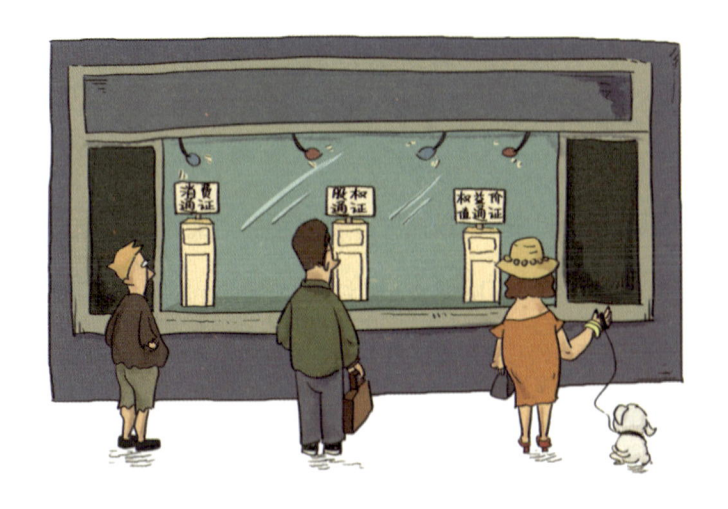

这样做带来的问题是，用户很难有归属感，因为一个项目发行的通证太多了，而且这对在项目进一步扩大时扩展应用场景造成了阻碍。进一步说，发行不同类型的通证与现实中发行的股票、货币、信用积分十分类似。

通证经济

再回到现实中来,目前很少有发行多种通证的通证项目,它们的理论依托又在哪儿呢?经济学中提到,不同的人有不同的偏好,他们具有多维度的价值观,不同人的需求不同,所以持有通证的目的也不同。当不同需求的人客观存在时,我们在前文中提到的通证经济模型便在某种程度上得以实现。

构建通证经济的几点要求

通证作为通证经济生态圈中的能量(价值)传输手段,代表着对标现实的价值体系。在一个成熟的通证经济生态系统中,通证所扮演的角色是多种多样的，它作用于经济与社会的方方面面。当发行通证的主体为商业公司时，商业公司的主要愿景是使该通证具有更广泛的应用场景，从而推升公司自身的商业价值，此时生产者可通过与公司发生业务往来或者为公司创造价值而获取通证。

一方面，公司通过业务往来增加持有该通证的群体数量，并获得相应的流通量；另一方面，公司内部人员创造价值以换取通证又符合公司通过激励进行社区自治的要求。商业公司发行的通证，类比股票可以通过交易平台进行交易实现增值，如果留存在消费者手中的通证可以随着公司通证应用场景的扩张进入更多流通平台，那么其流通增量就能使通证具有更高的价值。另外，该通证还具有类似股票的分红概念。

通证经济

除了与股票相似的现有概念外，通证拥有体现在二级市场中的不可替代性，即可交换性。举个简单的例子，我一次性在某个商场购买了许多东西，商场刚好有积分返利活动，返给了我相应的可以在下次购物替代现金的积分，但我清楚地知道我以后再也不会在这个商场购买东西了，与其将这个积分白白浪费，我不如在二级市场进行交易换取我更需要的东西。

第 2 章 · 理论篇

又如,我预订了一个包,由于缺货,对方承诺三个月后寄给我,然而在一次出国旅行中我买到了这个包,在预订的包不能退的情况下,我就只能在三个月后将其在二手市场以较低的亏本价卖出去。

所以,是否存在专门服务于普通商品期权交易的普通市场呢?资产的通证化就可以解决这个问题,因为通证化的物品将以通证的形式存在于区块链上,而区块链的安全性、不可篡改性及其独有的信任机制可以让物品实现自由交换,使价值网络突破传统的界限。更重要的是,可交换的内容不仅仅局限于看得见、摸得着的物品,各种权益、积分甚至个人信用、数据都可以通证化后依附于区块链技术进行交易,从而实现从个人到组织乃至全社

会的帕累托最优，即福利的最大化。该内容我们将在后文中做进一步的经济学论证。

上述三点可以作为通证的延伸效用。总的来说，通证的基础效用——使用性，才是最具代表性且能维持整个通证经济生态圈稳健发展并实现可循环周转的根本。商业公司发行通证时，任何一个具有长远目光并有着高质量未来追求的公司首先要考虑到的自然是自己的项目能否落地，能否通过自身的小公司生态发散出去并茁壮成长，在未来形成合理的行业生态圈，在将来的通证生态系统中占据一席之地。

在这种背景下，公司通证的使用性至关重要。在当今区块链热潮还未退去之时，我们可以看到这样的现象，许多项目方发行的通证缺乏实用性。这些通证更多地服务于前文提到的三点，即分红、增值与交换，更有甚者，其发行的通证只有类似股票的分红和增值作用，只是充当了一种融资手段，这就完全脱离了通证的本质。

通证是具有广阔发展前景并会引领经济社会产生革新的新兴事物，而绝非所谓的"新瓶装旧酒"。回到通证的使用性上，区块链所带来的低成本、高效率、低交易费用的权益确定，使个人

所拥有的权益都可以数字化，也使原有的交易进程更便捷、更省钱、更高效，因而在对通证实用化、普及化的探索中，其实是有人类固有的使命感存在的。

对一家成熟的发行通证的商业公司而言，如何构筑合理而健全的通证经济体系并发挥通证的使用性是发行通证最基本的要求，然而恰恰这个最基本的要求是最困难也最容易被忽视的。就像一个真正的生物生态圈一样，生产者、消费者、分解者缺一不可。以公司为中心的通证经济生态圈要保证通证在这个系统中作为一种生生不息的能量推动生态圈的合理运行。

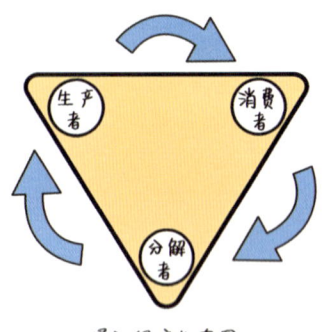

通证经济生态图

假如公司是做收藏品链上确权和交易的，固然由于区块链的特性，收藏品的来源可追溯，交易便捷、私密性高，又可使素不相识的人也建立信任关系，所以人们会使用该公司系统进行收藏品交易。可是如果该公司发行通证，那么它的主要用处是什么？融资吗？显然不是。该通证的主要目的应该是促使通证交易和面向用户的核心功能有机地交互。因为对真正使用该公司系统进行收藏品交易的人而言，他们的主要目的自然是使用该通证而

不是投资该通证，这样才能使该通证在未来拥有更大的影响力而更具价值。

进一步而言，一个成熟的通证经济体系有助于社区自治的良性循环，是社区治理的权力要求，在社区内部形成了利益共同体，各社区成员共担风险、共享收益，使社区的投票和表决更加便利。区块链社区使用户与项目之间实现价值的流转，同时互联网平台给二者提供了信息互换机制，这两条动能链共同构筑了一个合理的通证经济生态圈。

正是这种社区自治性，为以后在社会层面推广通证经济提供了理论上的支持，进一步助益政府管理，使通证在社会层面可以

第 2 章 · 理论篇

发挥"行为度量性"的作用。例如,当个人信用与通证结合时,可以通过个人的"信用通证"衡量个人信用水平,既能从很大程度上降低欺诈风险,又能方便社会治理,尽可能地实现社会福利最大化。通证经济对政府、国家的利好也将在后文中详细阐明。

由于现在发行通证的主体不再局限于公司或者组织团体,一些新型的通证也因其独特的概念价值而占据通证经济的一席之地。在这种情况下,通证拥有一种可传播的概念价值,即扩大受众群体并集聚志同道合的价值创造者,从而传导并进一步创造特定的价值体系。没有这两枚通证,可能很多人就无法了解这两位艺术家的艺术价值;没有这两位艺术家发行这两枚通证,也就不可能把所有对这种艺术感兴趣的人集结起来。当人们购买或者获

得了该通证，大家形成了一个兴趣共同体，人们就更有意愿去推动艺术的发展。

区块链通证经济生态圈

从广义上来说，通证经济生态圈是全面协调发展并能进行可持续能量循环的社会经济形态。为了更清晰地了解每个组成部分在生态圈的作用机制，在此我们将经济生态和社会生态分开讨论。

经济生态

经济生态是通证经济生态圈的初始形态，正是由于经济的驱动，通证经济才得以蓬勃发展。之所以说经济生态是初始形态，是因为通证经济目前可以落地并得以试验的方式就是从项目方在公有链上发行通证开始的。虽然我们也在不断探索通证经济的未来发展方向，但是区块链的倡议者果敢迈出的第一步让通证经济这一新兴概念逐渐走进大众视野。

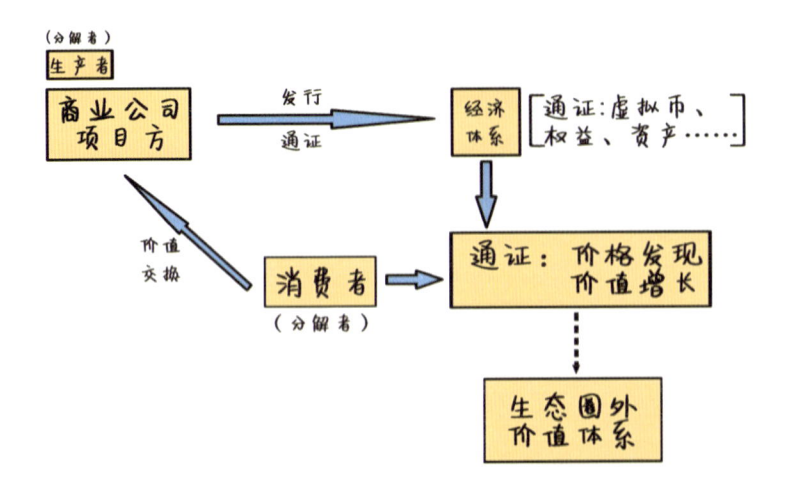

在通证的经济生态中，通证依旧作为能量传输手段来连接每个商业链条。各个商业公司（即发行通证的项目方）作为生产者，以区块链作为技术载体，通过发行通证进入整个经济体系。通证通过扮演不同的

角色不断进行价格发现与价值增长，同时又与生态圈外的价值体系相互关联。这一价格发现的过程，也是消费者逐渐参与并且发挥作用的过程。消费者通过与其他消费者或者生产者之间的价值交换，使通证得以流通。

在这个经济生态圈中，消费者与生产者同时扮演着价值分解者的角色，即消费者消费通证，使价值传递回生产者；同时，由于广泛的流通或者应用场景的不断延伸，通证的价值也被不断发掘并体现在价格上。企业基于通证价值的上升获得更多资源后，便可进一步扩展业务范围，增强业务能力，构建更多的生态场景，进一步发行通证，使企业的通证流通得更为广泛。

社会生态

相比经济生态，社会生态属于更进一步的发展形态。这是因为通证经济要想落地到社会层面，需要社会的广泛认知，也就是说需要有庞大的群众基础了解并认可通证经济的概念。同时，国家权力机关的承认与合理的通证经济生态圈的构建是社会生态发展的先决条件。

第 2 章 · 理论篇

对于健康的通证社会生态，生产者是国家权力机关或相关机构。它们从政府管理的角度出发，发行基于个人行为度量性层面或政策导向层面的通证。与经济生态不同的是，社会生态并不以营利为目的，也不以流通性来衡量通证的效用。

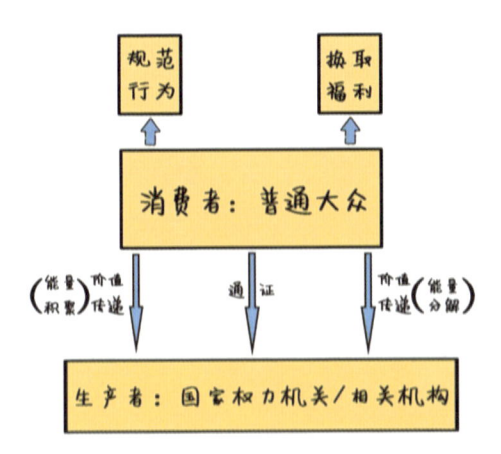

通证经济·

政府发行通证是为了推动社会福利最大化或者社会公平，而以区块链为基础的通证经济恰恰为这个需求提供了可能。普通民众，即社会通证的消费者，可以通过使用该通证换取相应的福利。值得一提的是，在很多情况下，该通证还具有规范人们行为的作用，换句话说，它可能作为行为的标尺广泛存在。

类比生物生态圈，这就好像只有每块土地因地制宜、在合理规范划分的前提下，生物圈中的生物才能更高效地生长。同经济

第 2 章 • 理论篇

生态一样，能量在消费者与生产者的价值传递过程中自行分解，或者说自行积聚，这使整个社会运行更加高效，向着更加公平、更加幸福的标准迈进。

通证经济生态圈

从通证经济生态圈全局来看，构建一个稳定、发展的生态，生产者、消费者（分解者）和价值传输体系缺一不可。也许在未来还会有更多形式的生态圈等待探索，并能够解决目前世界中存在的各种各样的问题。

例如，有一种通证，它基于艺术形式或者音乐流派，以感知和激发艺术文化灵感为核心，旨在传播大众文化艺术的需求。这种形式的通证既不属于经济生态也不完全属于社会生态，但对现实世界却有着深远的意义。再如，有基于粉丝团体的、以对偶像忠诚度为架构的通证，该通证的存在能够保证忠诚度较高的粉丝有更大的机会购得偶像的演唱会门票或者参与粉丝见面会。这种形式的通证在一定程度上保证了团体内的公平，也提高了团体效率，即杜绝黄牛党哄抬票价而造成的资源浪费。

虽然通证与社会生态在某些作用上有共通之处，但二者的意义并不完全相同。通证的形式将会越来越多样化，通证的意义也会越来越细分。但通证存在的意义从广义上来说也是为了维护社会公平，在提高经济社会效率的同时调动利益相关者的积极性，从而实现生态的健康稳定发展。

第 3 章

技术篇
历史是螺旋形的，最终趋于向上

历史的发展从来不是偶然,也不是必然;技术的变革不是一蹴而就的,也向来没有水到渠成。多种技术的发展因一个契机融合成了硬币的正反面,新一代的"可信和谐区块网"就此诞生。这一章我们将从技术发展的角度剖析通证经济运行的"土壤"区块链,一起走近区块链技术概念、发展历程和相关算法等。在本章中,我加入了较多的技术性知识,可以算是《图说区块链》一书中有关技术理论知识的二次延伸。

从互联网到区块网

互联网这个概念你并不陌生,不管你愿不愿意,你都必须承认,你的生活

已经被互联网掌控，你可以一个月不出家门，但你很难一个月不上网。随着社会的不断向前发展，越来越多的东西开始向网络转移，而且这一趋势越来越快。那么，互联网没有问题吗？当然有，你我都接触过网络的各种问题，比如数据泄露、计算机病毒、垃圾信息。

那么，如何解决这些问题呢？我们抛开法律层面、人文层面，单看技术层面的解决方案。这就涉及一个偏哲学的问题：互联网的实质是什么？互联网实际上是由一个个的网络设备和终端节点构成的，所谓的网络设备和终端节点，就好比你家的路由器连接着各种电脑、手机。在互联网从终端到终端的过程中，要经过众多的线路和网络设备，在这九曲十八弯的"取经路"上，其

中任意一个环节出现问题，都可能导致网络的不可达。

中心化节点的损坏会导致数据丢失，硬件设备的损坏会导致网络直接宕机。即使硬件都完好无损，各个终端对于带宽资源的争夺也会导致网速过慢。就算确保一切都完好，依然会存在各种各样的网络攻击。这些情况可以归集为一个概述化的问题——中心化的网络结构中存在恶意节点，即所谓的"不可信网络"。

对于不可信网络中达成共识的问题，其实很多学者和专家都有相关的研究，但是直到比特币区块链系统出现前都没有一个实际可用的解决方案。在本章中，我们会尝试从不可信网络中达成共识这一问题的研究路径去看区块链网络的诞生，同时也为后面我们谈到的通证经济模型的设计问题埋下一个伏笔。

点对点网络的互不信任问题

点对点系统意味着不存在中心节点，想要这样一个网络运行，就需要所有的使用者都拥有一个自己的客户端，这个客户端能够发送和接收交易，而且能识别其他节点发送的交易是否合法。要做到这一点，就需要保存一些基本的数据来记录所有参与者的行为。对单个节点尤其是普通用户的节点来说，满足 7×24 小时在线基本上是不可能的，那么节点连接网络的第一件事情就是通过其他在线节点获取自己在离线这段时间内的行为数据。

但在公开的网络中，其他节点并不都是可信的，甚至有恶意节点会故意传播假数据，新登陆的节点需要从其他节点获取数据，因此这就要求在系统的参与节点间有一套识别机制，或者能够判定数据是否正确，或者能够判定节点是否可信，即需要在互不信任的节点之间达成信任。

拜占庭将军问题

系统节点间的识别，其实就是点对点通信中的基本问题：如

第 3 章 · 技术篇

何在存在消息丢失问题的不可靠信道上通过信息传递的方式达成一致性，莱斯利·兰波特等人在 1985 年将这一问题形象地描述为拜占庭将军问题。

拜占庭是一座富饶强大的城堡，周边的 10 个部落都想攻占它，但只有在 5 个以上的部落同时进攻的前提下，这些部落才能取得胜利，否则进攻的部落会失败且被其他部落吞并。而这些部落互不信任，还可能有背叛者。各个部落之间只能通过互派信使传递信息，互相告知进攻时间，以期达成协同。在这样的情况下，每个部落在同一时间会收到不同的时间信息，而怎么甄别信息的真假并达成进攻时间的一致性，就是拜占庭将军问题所要解决的问题。

在这个问题中，存在诚实节点和欺诈节点，信息通路有可能是畅通的，也有可能是不通的。在这样的环境中实现具有容错性的分布式系统，即在部分节点失效后仍能确保系统正常运行，这个问题是无解的。所以，我们要想在这样的网络中实现一致性，只能在信息通路没有问题的情况下提出解决方案，也就是说在限定条件的情况下才有解决方案。

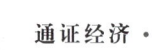

拜占庭将军问题的提出标志着关于分布式的可靠性理论的研究已经进入实质性阶段，那么具体实践的出现也就不远了。

非对称加密

在互联网这个不可靠渠道上传递隐秘信息，离不开加密技术的支持。在前文中隐含了一个识别交易是否合法的问题，也是一个认证问题的处理过程。传统的加密和解密都使用同一个密码，但是这套体系只适合在信任的人之间传递隐秘信息，而且最初的密码怎么传递给对方是一个很大的问题。

第 3 章 · 技术篇

1976 年，惠特菲尔德·迪菲与马蒂·赫尔曼在论文《密码学的新方向》中提出了公私钥加密体系，开创了非对称加密算法。这套系统避免了在不安全的网络上传递密码的安全隐患——使用私钥对信息进行签名后，使用公钥可以验证该签名是不是对应的私钥发出的。[1]

使用非对称加密算法的过程是这样的：

（1）A 和 B 之间进行通信的前提是，双方都需要使用非对称加密算法生成自己的公私钥；

（2）两人分别将自己的公钥发送给对方；

（3）A 使用 B 的公钥将要发送的信息进行加密并发送给 B，B 使用自己的私钥将信息解密并获取信息原文，第三方即使截获

067

密文并知道 B 的公钥也无法对加密信息进行解密；

（4）A 使用自己的私钥对要发送的信息进行签名，并将信息和签名发送给 B，B 可以使用 A 的公钥来鉴定签名，判断信息的原文是不是 A 发出的，从而保证信息不被篡改。

目前广泛使用的 RSA 算法[①]、因比特币系统而广为人知的椭圆加密算法等，都是非对称加密算法。

点对点网络

在传统的网络服务结构中，各参与节点并不是对等的，以互联网中的网站为例，信息和服务的提供方通过服务器提供服务，而使用者则通过访问服务器获取服务。网络中绝大多数的服务都采用这种 Browser/Server（浏览器/服务器）或 Client/Server（客户端/服务器）结构，即以中心化的方式提供服务。

1999 年，肖恩·范宁编写的在线音乐共享程序纳普斯特

---

① RSA 算法是 1977 年由罗纳德·李维斯特、阿迪·沙米尔、伦纳德·阿德尔曼一起提出的。RSA 是由三人姓氏（Rivest、Shamir、Adleman）的首字母组成的。——编者注

（Napster）开始爆发，后续出现的电驴（eMule）、比特流（BitTorrent）开始被大范围使用，甚至占据了当时网络中大多数的流量，这些点对点对等网络开始被大规模使用。在点对点网络中，各个参与者之间是完全对等的，它们各自拿出自己的一部分资源提供对外服务——其他对等节点可以直接访问这些内容。因此，所有的参与者既是资源、服务的使用者，又是资源、服务的提供者。

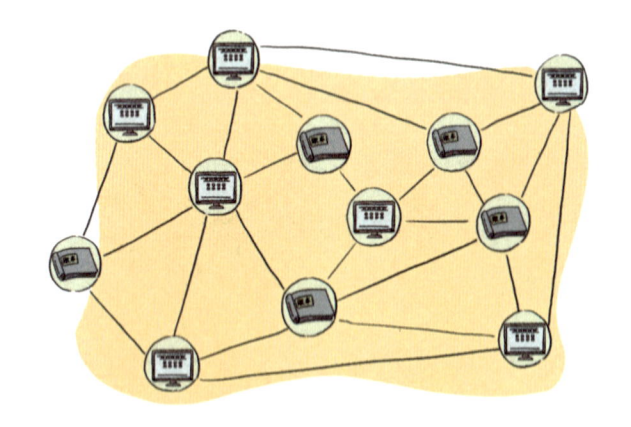

以点对点方式形成的网络，是一个非中心化的系统，因此服务更加稳定，不再依赖单个节点的可用情况。而且，从理论上来说，随时加入节点可以提升整个网络的性能，使其扩展性更强。同时，信息可以在任意参与者之间进行转发，不再需要通过固定的节点实现转发，可以更好地保护用户隐私和实现上网安全。另外，由于在点对点网络中可以调用节点自身的资源，所以对部分服务来说，它们更倾向于采用这项技术来降低自己提供服务的成本。

默克勒树

默克勒树只是一种处理数据的思路。拉尔夫·默克勒在 1980 年发表的论文中提出了这个思路，当时提出这个思路是为了生成数字签名证书的公共目录摘要。这种结构很适合用大量不同的数据生成一个简短的摘要，同时可以根据一系列关键路径形成一个数据包含的简短证明。

默克勒树的构造离不开哈希函数的配合，整个生成过程如下：

（1）将所有要包含数据的哈希值按照某个顺序进行排列，如果是奇数个，就将最后一个复制一份；

（2）根据排列后的顺序，将所有哈希值两两相合并生成新的哈希值，如果是奇数个，就将最后一个复制一份；

（3）重复（2）的过程，直到生成唯一的一个哈希值为止。

利用这套方案，可以很方便地比较两个节点的数据中不一致的部分，因此它在点对点网络中被广泛使用。对于它原本被提出的作用，可以使从根节点开始到指定节点的路径中通过的所有节点和相邻节点的哈希值形成一个证明链条，很方便地验证目标节点是不是在这个默克勒树中。

哈希运算

哈希运算是一种散列算法，就是将任意长度的信息映射到一个指定长度的目标域中。可以想象一下，将大量信息转换后放入一个很小的空间中，这个过程一定会带来信息的丢失，而在算法设计中，为了避免反向求解均采用不可逆算法。

要避免逆向求解，输入的变动和结果的变动一定是不相关的，也就是说，要根据一个指定结果找到相应的输入，只能通过改变输入的方式，不停地尝试。有算法就会有人尝试破解，由于计算过程的不一致，不同算法的安全性是不一样的。

在所有的哈希运算中，SHA（安全散列）算法是美国联邦信息处理标准认定的安全算法，目前来说它是很安全的，因为暴力计算的成本是很高的。比特币系统中到处采用的 SHA256 就是这个算法家族中的一员，它是指将任意信息映射到一个 256 位长度的结果中。

水到渠成的区块链

2008 年 10 月 31 日，中本聪发表了一篇白皮书——《比特币：一种点对点的电子现金系统》。该文提出了一种完全通过点对点技术实现的电子现金系统。这个电子现金系统（比特币支付系统）的底层技术就是区块链。

中本聪的白皮书将以上提到的各项技术融合在一起，创造出了区块链和比特币系统，成了第一套切实可行的数字货币系统。虽然结合了各项技术，但是能将这些技术融合到一起，还要得益于比特币系统中几个特殊的设计。

比特币

在日常生活中，我们接触到的货币都是固定面额的纸币或硬币，要对面额进行分割需要兑换成等值的其他面额，在使用大面额纸币进行支付时会接受商品和剩余面额的找零。在银行等数字化的体系中，我们面对的是一个账户的概念，个人可用的额度则是账户中的余额，因为支付过程是完全数字化的，需要支付时直接对账户进行增加即可，变化的只是账户余额的数字。

这两套系统中的货币有两种不同的处理方式,实体货币分散而无法被记录,更无法被追踪,而对于账户体系来说,只要它的记录存在,就可以对所有交易进行追踪核查。反过来说,实体货币的交易因实体的存在而容易核查校验,如果每张货币的转手都有记录的话,那么交易转手的过程是无法伪造的。而对账户体系中增减、调整一些交易的金额却是很难进行核查的。

比特币继承了其他数字货币对于用户交易隐私性的追求,但是在电子货币的处理上反而采取了类似实体货币的处理方式。"比特币系统将一枚电子货币定义为这样的一串数字签名:每一位所有者通过对前一次交易和下一位拥有者的公钥签署一个随机散列的数字签名,并将这个签名附加在这枚电子货币的末尾,电子货币就发送给了下一位拥有者。"[2]

在比特币系统中,下一位拥有者对公钥来说其实就是下一位的手笔地址。根据这个定义,一个电子货币需要包含以下几项信息:支付者的电子货币信息、指定接收者、支付者的签名信息。在这枚电子货币进行下一次流转时,这里的指定接收者和这次交易的特征值就成了新的"支付者的电子货币信息",也就是说,比特币中的电子货币定义更像增加了流转记录的实体货币，系统利用了数字货币的便利性，在每一次交易时都将支付者支付的比特币进行销毁，同时根据金额分配发行了新的比特币。

在这样的定义下，每一枚比特币的货币都可以通过流转记录一直上溯到初始发行，因此在系统中流转的比特币是无法造假的，用户拥有的比特币就是自己收到还没有花费出去的收入。这种设计为数字货币的来源校验提供了便利，而数字货币和实体货币的差异就是导致了接收者需要防止支付者将这笔比特币进行多次花费。

交易

各种系统都有自己定义的交易记录数据，一般来说这些数据都会包含几个主要因素：买方、卖方、标的物、价格、时间。在比特币系统中，交易本身只是一次货币转移过程的记录。对交易双方来说，标的物都是比特币，因此系统在交易内容中去除了标的物的信息，具体的时间需要通过其他方式进行确定，最终一笔完整的交易记录只包含了支付者信息和接收者信息。

将对交易内容进行 SHA256 哈希操作后得到的交易特征值作为本交易的 ID（身份），可以对交易进行区分指定，在一笔交易的输入中，可以通过交易 ID 和在输出中的序号指定要花费的比特币。在输出中，包含的就是接收者信息和要分配的比特币数量，这里根据具体情况可以指定多个接收者，因为输入中的币只能全部支付，多出的返还支付者的找零也会被认为是一笔正常的输出，以达到将多出的比特币返给支付者的目的。每一笔交易的输入和输出都可以是多个的，这就像实体货币中的支付多张货币给多个人，同时还有找零回来的情况。

回到上一节中比特币的定义，其实每一笔比特币就是交易中的一个输出。生成交易时只要指定了输出，就同时生成了一笔比特币。在交易发出后，输入中的通过交易 ID 和序号指定的比特币都会变成已花费而无法动用的比特币，而新交易的输出生成了几笔新的比特币，以交易替代造币局的角色。用户拥有的比特币就是他手中尚未使用的交易输出中的币的数量，简称 UTXO。这种交易结构的设计简单灵活，所以用户可以通过对输入和输出的调整，方便地完成币值的分割、合并和转移操作，用户可以使用

第 3 章 · 技术篇

固定的地址来打造自己的名片,也可以使用大量地址来隐藏自己的交易。

以交易 ID 和序号作为输入,整体交易的输出又会成为新的货币,这样的交易结构可以通过输入中的交易 ID 和序号向上追溯上一笔交易的信息,一直可以追溯到初始发币的记录,因此交易的接收者只要简单校验构造是否正确,以及相应的输入是否被使用过,就可以完成验钞的过程。要确定相应的输入是否被使用过,用户只要关注在当前交易发出之前这些输入是否被使用过即可,但是在比特币系统中,交易是没有包含时间信息的,因此这样的交易设计就需要引入一个能够判断时间先后的方案,否则恶意用户可以通过巧妙的方式将一笔货币进行多次花费。

区块

判断两笔交易的先后顺序。在权威机构或者中心化节点存在的情况下,只要这个中心机构只接受首先传播到自己的交易而拒绝拥有同样输入的交易,就可以很简单地提供一个发生顺序。如果想避免中心化机构存在,就需要公开系统中的所有交易,每个节点都只接受自己首先收到的交易，通过拒绝第二次使用相同输入的交易给出自己的判断，收款人要确保的就是整个系统中多数节点都给出了自己想要的交易顺序。

比特币白皮书中提出了区块结构。区块是一个类似交易结构的存在，节点可以将一组交易以默克勒树的形式进行打包，并附加时间戳形成一个区块，同样通过SHA256函数可以形成区块的ID。如果在后续的区块中包含上一个区块的ID，那么所有的区块都可以通过前后关系串联，这样其中的所有交易也跟随区块的生成时间产生了先后关系。

这样的结构形成后，交易组成区块，区块前后连接，就形成了一个时间戳服务器（比特币白皮书中的定义），但是节点自身形成的这个区块链条仅仅代表了自己对收到交易先后顺序的判断，要想争取到更多节点的支持，就要把自己生成的区块广播到网络中。如果所有节点在收到一个区块时都按照统一的规则进行接收，如不一致的交易顺序要接受区块指定，自己生成区块的工作向上附加而不是尝试推翻，那么全网就只需要一条大家认可的区块链条，也就是说，全网对于交易的发生顺序有了一个固定的标准。而且，随着时间的推移，区块链中老的区块的变更成本会越来越高，这就促使了老的区块的自我加强。

激励

当一个用户需要支付比特币时，系统生成一笔交易并发送到网络中，等待接收到它的节点将这个交易附加到区块链条中。对接收方来说，首先要检查交易是否通过合法性校验发送到了网络中，其次要等待全网区块链中出现了这笔交易，确认交易出现后就可以认为在自己接收的时候没有发生双花行为，从而确定交易确实成立。

因为区块的生成和发布是需要消耗资源的，为了激励节点来开启这项工作，每个区块的第一笔交易都将会产生一枚区块创造者拥有的新的电子货币。这种方式既能激励节点参与区块的生成，也提供了向系统中注入数字货币的机制。另外，在发送交易时，系统要求交易输入中的金额必须大于输出中的金额，中间的差额可以被生成区块的节点发送到自己的地址中。只要比特币的币值有吸引力，节点就会参与区块的生成来领取这部分激励。同

时，如果正向的激励大于破坏的收入，那么也会鼓励节点维护而不是破坏整个系统。

区块链的共识机制

一个新的问题产生了：在经济利益的刺激下，大家都会倾向于向网络发送自己生成的区块，或者有节点不接收其他节点生成的区块而非要按照自己的想法重新生成区块。如果这种问题得不到解决，那么网络就会很混乱而无法形成一个区块链，这样的网络是无法使用的。这又回到了拜占庭将军问题的情况，需要怎么做才能在网络中的所有节点之间达成共识，也就是需要一套实际有效的共识算法。

PoW：工作量证明

PoW 的思路来源于哈希现金，其本意是防止对互联网资源的滥用，尤其是指垃圾邮件的泛滥。具体做法是在邮件头中附加一个满足指定条件的戳记，简单来说，就是要求邮件头中附加一

第 3 章 · 技术篇

个可以使指定数据集的哈希运算的结果，满足前导的指定位数都是 0 的一个随机数。由于哈希运算的特性，这个随机数的发现只能通过不停地尝试查找，而无法通过反向计算获取。

在添加这样一个要求后，要发送邮件就需要附加一定量的运算过程，这对正常用户的影响很小，但是垃圾邮件发送者就需要大量重复这个计算，需要消耗的中央处理器资源会变得很庞大，通过增加成本抑制了垃圾邮件的产生。而且，随着前导 0 的位数增长，整体的计算量会以指数级的方式递增，通过对这个要求位数的调整找到一个合适的难度。

为了让所有节点能够达成共识，比特币系统在区块部分使用了 PoW 的思路。区块的 ID 本身就是对区块头数据进行两次 SHA256 处理的结果，只要在区块头中加入一个随机数，并对区块的 ID 提出要求，就可以在系统中加入 PoW 体系。

一个节点在将自己收到的大量交易进行打包后，要想将自己的成果向其他节点传播，就需要不停地进行运算，只有找到了符合条件的随机数，才能通过其他节点的校验并被接受。

硬件的算力是在不断发展的，如果指定的难度过小或者不变，那么在算力超过难度的情况下，这套体系就失效了。比特币系统的解决方案是采用移动平均目标，即将区块生成的速度定为一个平均数，根据区块生成的速度来动态调节难度，从而保持系统的稳定。比特币系统中，每个区块的平均生成时间实际是10分钟，而难度调整的周期定为两周，也就是说，每生成2016个区块，会根据实际使用的时间和两周的计划时间来动态调整区块的难度目标。

截至目前，PoW算法是唯一一个得到实践验证的共识机制，它的工作过程可以被看作一种直接民主制的投票方式。设计时，为了避免按节点投票会产生部分人控制大量节点导致机制失效的情况出现，设计采用了算力投票的方式。在PoW算法中，算力的增长是机制不失效的一个重要保证：对已经成形的区块链来说，要推翻它的历史节点，需要将指定节点往后的所有节点都重新生成一遍，而且速度必须超出主网络中链的增长速度，只有重新生成的链的长度超出了主链，它才能替代主链达到替换指定节点的效果。想要比网络中生成块的速度更快，那掌握的算力至少要超过剩下的所有算力的总和，这也是51%攻击说法的来源。

第 3 章 · 技术篇

主网算力越大，恶意攻击达成的难度也就越大。

但是，成也算力，败也算力，随着比特币币值的增高，个体对经济利益的追求自然导致了算力的集中，尤其是普通节点被排除在外之后，挖矿成了一个竞争越来越激烈的产业。矿机特别是 ASIC（专用集成电路）矿机的出现，更是加速了这个过程——将节点的生成工作集中在了少数几个矿池手中。因此，通过算力投票防止中心化的设计实际上已经失败了。

另外，由于节点寻找正确随机数的哈希运算与区块链中的交易是不相关的，因此在这个过程中消耗的资源是一种浪费，再加上目前超大量的挖矿算力，大量能源浪费也是 PoW 被人诟病的一个方面。

PoS：权益证明

随着对 PoW 算法的讨论，2011 年左右，比特币社区出现了 PoS（权益证明）的概念，随后松尼·金在 2012 年 8 月发布的点点币白皮书中首先实现了 PoS 的共识机制。

币龄的概念最早在比特币中提出，用于确定交易的优先权，因为币龄长的交易确认数更多，在使用时可以获得一定的优先权，在满足一定条件的情况下可以免交易的矿工手续费（该处理方式已被废除）。在 PoS 中，币龄的概念得到了加强，节点可以通过消耗币龄获取利息，同时可以获取一个生成区块的优先权，大大降低生成区块时的目标难度，可以更快地生成新的区块。在主链判断上，PoS 也引入了币龄的处理方式，区块中所有交易消耗的币龄作为区块的得分，得分最高的区块将被选为主链。

点点币中 PoS 的币龄机制导致很多节点平时保持离线，它们只有在积累了一定的币龄后才会联入网络中获取利息，然后再次离线。这减少了网络中的节点数量，也降低了网络的安全性。因此帕维尔·瓦辛在 2014 年提出的 PoS 2.0 中，去除了币龄而单纯计算币的数量，这让所有节点都需要在线保持收益。

整体来说，无论是采用 PoW 加 PoS，还是纯粹使用 PoS，PoS 这种共识机制的核心在于根据持有货币的量和时间来发放利息与生成区块。相对 PoW 来说，PoS 在一定程度上缩短了达成共识的时间，减少了挖矿的资源消耗，但还是需要尽心挖矿，而且由于不消耗太多的算力，在产生分叉的时候理性节点会在所有链上同时挖矿，无法很好地应对分叉。

DPoS：委托权益证明

"有别于比特币特定的共识机制，DPoS（委托权益证明）有一个内置的股权人实时投票系统，就像随时都在召开一个永不散场的股东大会，所有股东都在这里投票参与公司决策。与比特币相比，比特股系统的投票权牢牢掌握在股东而不是雇员手里。"加密货币作家、投资者马克斯·赖特如是说。[3]

DPoS 这种共识算法，最早在 2014 年 8 月发布的比特股中被使用。就像前文引述的内容，通过所有在线节点先选出一个"董事会"，然后"董事会"成员使用见证人机制来解决中心化问题。在比特股中，所有节点通过实时投票产生一组固定数额的受托节点，这些节点拥有产出区块并添加到区块链上的权利。而且，每一轮节点生成后，都由这组受托节点以随机顺序轮流签署命令产生区块，每一轮的出款次序都不相同。受托节点恶意修改、丢弃交易或者延迟出块的情况都是公开可见的，因此一旦出现恶意节点被选入受托节点的情况，社区可以简单快速地投票让它们出局。

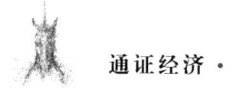

同时，在 DPoS 的共识机制中，由于受托节点数量有限，因此为了成为受托节点，参与者会彼此竞争，且为了吸引选票可能会主动降低自己的收入，甚至使用自己的收入来进行拉票。这样一来，这些节点参与者在维护网络安全的同时会用各种方式为比特股持有者创造价值。这种情况在同样采用 DPoS 的 EOS（为商用分布式应用设计的一款区块链操作系统）中已经出现。

和其他共识机制相比，DPoS 大幅减少了记账和验证节点的数量，因此可以更快地达成共识。对节点的硬件条件提出更高的要求，可以大幅加快交易的确认速度。相对来说，DPoS 的中心化程度更高，而且实际上出现了节点不同权的情况，这些拥有出块权的超级节点在网络上是公开的，所以和中心化的系统带来的问题一样，这些超级节点更容易受到网络攻击，这反过来要求这些节点有足够的技术支撑能力和足够的算力，否则很容易因为自身的问题影响网络的稳定性。

对于投票环节，在实际生活中参与投票需要消耗时间和精力，甚至需要拥有一定的技术水平，这导致普通用户很少会去参与投票。投票过程形同虚设，造成了大量持币者之间的竞争。如果出现恶意节点，且社区投票无法及时剔除这些节点，自动投票就需要事先确定所有恶意行为的判断，并将投票权利完全委托给超级节点。

PBFT：实用拜占庭容错

PBFT 算法在 1999 年被提出，是一种基于消息传递的一致性算法，它只适用于一些特定场景，算法可以通过三个阶段达成一致性，但是过程中可能会失败，导致重复进行。

PBFT 算法要求参与的节点必须是确定的——给定相同的状态和参数，操作执行的结果必须相同，而且所有节点必须从相同的状态开始执行。另外，由于在达成一致性的过程中的信息需要被多次传输，所以在节点过多时会大大增加网络压力，算法的效率也会大大降低。

算法的执行过程如下：

（1）客户端向主节点发送调用服务的请求；

（2）主节点将该请求通过广播发送给其他副本；

（3）所有副本都执行请求，并将执行的结果返回给客户端；

（4）客户端需要等待超过 1/3 的不同副本节点发回相同结果后，将该结果作为整个操作的结果。

在安全性方面，为了保证服务的一致性，系统要求失效节点的数量不能超过（$n-1$）/3，对于失效和恶意节点，系统通过访问控制审核客户端并阻止越权操作。

整体来说，PBFT 算法的共识高效快速，而且各节点的安全性和稳定性由业务方保证，系统可以脱离通证来运转，但是由于所有节点需要提前确定并且联通，加上网络性能开销，不适用于节点太多的场景。

各种共识算法都有自己的适用场景。因此在实际应用中，更好的做法是将共识算法部分模块化，根据不同的应用场景自由选择共识机制，才能真正做到最优。

区块链的技术简史

1. 1976 年——区块链元年，惠特菲尔德·迪菲、马丁·赫尔曼两位密码学大师发表了论文《密码学的新方向》。

第 3 章 · 技术篇

在《密码学的新方向》这篇论文中,两位大师首次提出了公钥加密协议与数字签名的概念,这两个概念就是现代互联网广泛使用的加密协议的基石。在同一年,另一位学者弗里德里希·冯·哈耶克出版了专著《货币的非国家化》,书中提出了一个革命性建议:"废除中央银行制度,允许私人发行货币,并自由竞争,这个竞争过程将会发现最好的货币。"密码学货币新时代就此开启。[4]

2. 1977 年,RSA 算法诞生,三位发明人也因此在 2002 年获得图灵奖[①]。

RSA 算法是目前最具影响力的公钥加密算法,它能够抵抗到目前为止已知的所有密码攻击,已被国际标准化组织推荐为公钥数据加密标准。[5]

3. 1980 年,拉尔夫·默克勒提出默克勒树的数据结构和相应

[①] 图灵奖由美国计算机协会于 1966 年设立,专门奖励那些对计算机事业做出重要贡献的个人。其名称取自计算机科学的先驱、英国科学家艾伦·图灵。由于图灵奖对获奖条件要求极高,评奖程序极严,一般每年只奖励一名计算机科学家,只有极少数年度有两名合作者或在同一方向做出贡献的科学家共享此奖,因此它是计算机界最负盛名、最崇高的一个奖项,有"计算机界的诺贝尔奖"之称。[6]

的算法，用于分布式网络中数据同步正确性校验。

默克勒树数据结构可以使数据量大大缩减，如哈希值为 32 个字节，那么一笔交易需要 300~400 个字节来存储，而大量的交易信息会导致区块链网络的交易结算速度变慢。默克勒树数据结构在不改变区块链结构的密码学安全性和完整性的前提下，只保留这个交易的哈希值，而单独的交易信息则不上传。

4. 1982 年，莱斯利·兰波特提出拜占庭将军问题，标志着分布式计算的可靠性理论和实践进入了实质性阶段。

系统节点间的识别，其实就是点对点通信中的基本问题：如何在存在消息丢失的不可靠信道上通过信息传递的方式达成一致性？对于这个问题，莱斯利·兰波特等人在 1982 年提出一个形象的描述：拜占庭将军问题。同年，戴维·乔姆发明了不可追踪的密码学网络支付系统，而这就是今天比特币的"始祖"。[7]

5. 1985 年，尼尔·科布利茨和维克托·米勒各自独立提出了著名的 ECC（椭圆曲线加密）算法。

ECC 算法在密码学中的使用是在 1985 年由尼尔·科布利茨和维克托·米勒分别独立提出的。它的主要优势是，在某些特定情况下，它可以比其他方法使用更小的密钥提供相当的或更高等级的安全。同时，ECC 算法还可以定义群之间的双线性映射。ECC 算法的出现意味着非对称加密体系真正走向了实用，标志着现代密码学的理论和技术基础已经完全确立。

6. 1997 年，第一代 PoW 算法——哈希现金方法出现。

哈希现金使用的不是 RSA 算法，而是一种叫"哈希的散列过程"，用到的算法叫"SHA 算法"。

发明之初，它主要用于反垃圾邮件，主要原理是使用者需要做大量的工作，解决一个数学难题。换句话说，就是使用者需要付出中央处理器的计算代价，得到正确的结果后，才能获取某些资源。

7. 1998 年，戴维、尼克·萨博同时提出密码学货币的概念。

戴维是一名兴趣广泛的密码学家，在 1998 年发明了匿名的、分布式的电子加密货币系统 B 币。B 币被称为比特币的精神先驱，强调点对点的交易和不可更改的交易记录。中本聪发明比特币的时候，也借鉴了很多戴维的设计，和戴维也有很多邮件交流。尼克·萨博发明的比特金，提出 PoW 机制，用户通过竞争性地解决数学难题,将解答的结果用加密算法串联在一起公开发布,构建出一个产权认证系统。[8]

8. 1999 年,点对点网络资源共享先驱纳普斯特上线。

纳普斯特是一款让用户可以在网络中下载自己想要的音乐文件的软件名称。它的设计模式与区块网络的设计模式有异曲同工之妙,它能够让自己的机器成为一台服务器,为其他用户提供下载。在网上有关纳普斯特网络的描述这样写道:"纳普斯特本身并不提供音乐文件的下载,它实际上提供的是整个纳普斯特网络中的音乐文件'目录',而音乐文件分布在网络中的每一台机器上,随时供你选择取用,每次下载都是直接连到另一台机器。"[9]

9. 2001 年,布拉姆·科恩发布比特流。

比特流是用于对等网络中文件分享的网络协议程序。和点对点的协议程序不同,它是用户群对用户群的协议程序。

"比特流下载的特点是,下载的人越多,提供的带宽越多,下载速度就越快。同时,拥有完整文件的用户也会越来越多,使文件的'寿命'不断被延长。"同年,NSA 发布了 SHA2 系列算法,其中包括比特币最终采用的哈希算法 SHA256。

10. 2003 年，海伦娜·汉德舒和亨利·吉尔伯特利用沙博 – 茹攻击，理论上得到了 SHA256 的一个部分碰撞，并证明 SHA 可以抵御沙博 – 茹攻击。

在 1998 年举行的第 18 届国际密码学年会上，弗洛朗·沙博和安托万·茹对 SHA0 进行了攻击，发现碰撞的次数为 261 次，少于相同大小的理想散列函数的 280 次。2004 年，伊莱·比哈和拉菲·陈发现了 SHA0 的近似碰撞，在消息值几乎相同的情况下，160 位中的 142 位是相等的。同时，他们还发现 SHA0 的全部碰撞减少到 80 发中的 62 次。这在一定程度上证明了 SHA 可以抵御沙博 – 茹攻击。

11. 2008 年 11 月，中本聪发表白皮书《比特币：一种点对点的电子现金系统》，提出区块链的数据结构。

2008 年，中本聪在互联网上一个讨论信息加密的邮件组中发表了白皮书《比特币：一种点对点的电子现金系统》，勾画了比特币系统的基本框架。2009 年 1 月，比特币网络正式上线，第一个版本开源客户端发表，中本聪挖出创世区块第一笔 50 个比特币。

12. 2010 年 9 月，世界上最早的矿池斯卢奇池发明了多个节点合作挖矿的方式，并挖出了首个区块，成为比特币挖矿行业的开端。

斯卢奇池隶属于位于捷克首都布拉格的 SatoshiLabs，除斯卢奇池以外，还包括比特币硬件钱包和可以查询支持比特币支付商家的工具。之后，越来越多的矿池和机构加入比特币网络中，到 2016 年 1 月，比特币的全网哈希值超过了每秒 100 万兆次，成为挖矿算力的一个全新里程碑。

13. 2011 年 4 月，比特币官方有正式记载的第一个版本 0.3.21 发布。

0.3.21 支持 UPnP（通用即插即用），实现了日常使用的点对点软件的能力，同时，在这个版本中，比特币节点最小单位由 0.01 比特币的"分"转为了小数点后 8 位的"聪"。比特币系统逐渐成熟，从极客们的玩物向市场化迈进。

14. 2013 年 5 月，第一台比特币 ATM（自动柜员机）在美国加利福尼亚州圣地亚哥诞生。

比特币 ATM 公司是一家位于美国加利福尼亚州圣地亚哥的

创业公司，公司创始人及比特币 ATM 发明人是托德·贝瑟尔。2013 年 5 月，该公司研发的比特币 ATM 在圣地亚哥亮相。该公司也是第一家将比特币 ATM 商业化运营的公司。

15. 2013 年 11 月，维塔利克·布特林发起以太坊项目。

2013 年 11 月，创始人维塔利克·布特林为了创建一个有内置的编程语言，提出了以太坊核心理念的初始想法。2013 年 12 月，维塔利克私下散发了原始的概念白皮书。之后，随着大量爱好者被出乎意料地吸引进来，该项目第一次扩展，具体化成一个独立的块链。2015 年 7 月，以太坊发布第一个正式版本——Frontier（前沿）阶段版本，这标示着以太坊正式运行。2016 年 6 月，以太坊硬分叉，以太经典和以太坊并行。2017 年，以太坊正式发布 Metropolis（大都市）阶段版本，它将是 PoW 的最后一个阶段。

第 4 章

设计篇

通证，基于固有和内在的价值而产生

大公司纷纷布局区块链领域，包括易贝、美国娱乐与体育节目电视网、优步、腾讯、阿里巴巴、小米、迅雷、京东等。区块链新闻站 CoinDesk 的数据显示，德勤已经在区块链领域雇用了超过 800 人，IBM（国际商用机器公司）开展了 400 多个区块链项目，在区块链领域的员工从 400 人增至 1 600 人。区块链在全球范围内票据、证券、保险、供应链、存证、溯源、知识产权等十几个领域都有了 PoC（容量证明）的成功案例。

说起区块链技术，就离不开其内在的"理论核心"通证经济模型的设计，本章我们将从"区块链系统可以没有通证吗？""有通证的区块链系统将如何运行？""如何设计一个合理的通证经济制度？"等问题出发，诠释通证经济在区块链系统中的理论实践。

那么，我们如何衡量一个制度设计的好坏呢？如果一个制度能让参与者通过多次博弈后达到均衡状态，我们就称之为好制度；如果一个制度总是让参与者相互博弈，但始终无法形成稳定的均衡，我们就称之为坏制度。通证经济系统设计就是创造一个小型生态的规则制度，在既定的规则设计之下，形成设计者所希望的秩序，比如强调自由、激励、交换、个体。如果设计错了，那么代价将会很大。因此，对于通证经济的底层制度设计，我们需要谨慎对待。

区块链系统可以没有通证吗

简单来说，区块链技术是可以实现不发行通证并实现区块链的独有优越性的，中央电视台财经频道的专题报道《三问区块链》中就提到了不发行通证的区块链系统实施的可能性。在某种程度上，不发行通证的区块链应用是一种各方权力博弈后的结果，但仍然在一定程度上发挥了区块链作为分布式账本的优越性。

第 4 章 · 设计篇

这主要是由于通证经济目前还处于新兴概念阶段，人们很难直接定义将来通证经济的发展路径。但区块链的技术又是具有变革意义的，所以人们进行了相应的探索。相比发行通证的区块链

应用，只有区块链的经济系统不能发挥通证的激励作用，也就是说，它因不能迈入共享经济的大门而无法充分发挥通证经济最显著的优越性。

只有区块链的经济系统本质上是一条联盟链，例如超级账本、国际区块链联盟 R3 等都属于联盟链。在《三问区块链》中提到的仲裁区块链也属于联盟链，在该联盟链中，仲裁机构、金融机构、第三方存证机构和企业都是超级节点，只有这些超级节点有权利在区块链中录入数据，其他普通节点只能查看数据，这也是联盟链与公有链的区别之一。因为公有链是向所有人开放的，它并没有超级节点，它以 PoW，即我们常说的"挖矿"来记账，此时通证中的一部分就是对挖矿者的激励。区块链技术使这种不发行通证系统的各个参与方的记录全部一致，而且无法被篡改。

当金融机构或者企业有仲裁需求时，只需要发起在线请求，仲裁机构就可以根据链上所有参与方的共同记录来判定。它的作用是大大提高了仲裁效率并降低成本，因此通证的激励作用在这个系统中似乎显得并不那么有必要。近期，加入这次不发行通证

第 4 章 · 设计篇

区块链试水的公司也不在少数,腾讯、阿里巴巴、百度、京东、苏宁等企业纷纷开始布局区块链技术。

2017 年 11 月,腾讯区块链服务平台开始对外公测,并于 2018 年 4 月正式在腾讯官网上线。腾讯区块链总经理蔡弋戈还表示,2018 年将推出供应链金融来解决中小微企业融资的信用问题。2017 年 3 月,支付宝的爱心捐赠平台也利用区块链技术确保善款有合理去向,到 2018 年 5 月,阿里巴巴蚂蚁金服技术实验室区块链相关专利数量也达到了近 80 件。[1]

2017 年 9 月,苏宁金融研究院也启动了苏宁区块链国内信用证信息传输系统,开立第一笔国内信用证业务,到 2018 年 5

月，苏宁金融研究院已开出国内信用证金额达 1.3 亿元。[2] 当然，没有通证的区块链毕竟是不完整的，没有矿工的存在，各个超级节点在记账时依然存在某些利益集团相互勾结或者利用信息不对称达到自身某些目的的可能性。

同时，没有通证的激励作用也很难保证参与各方的积极性。不过，这次试水也无可厚非，毕竟一个新生事物从无到有再到普及，需要经历长期且艰难的探索过程。在各项监管措施还未正式出台之前，此次互联网机构纷纷入局，也有利于未来人才的培养、技术的研究和资金的落实，从而为区块链技术在将来的发展与普及埋下种子，以期在通证经济时代生根发芽。

第 4 章 · 设计篇

有通证的区块链系统如何运行

一个局部经济体，要想具有通证经济的性质，发通证是一种必要的形式。如果通证作为一种行为度量单位和鼓励惩罚代表物，并没有实际的存在形式，那么它将会失去意义，就像一位比特币行业专家说道："从制度设计上来说，不发通证，区块链的魅力和威力将大打折扣。不发通证的区块链，和分布式数据库相比没有多少优势。"在以太网成为局域网的普遍协议之前，IBM曾经提出一个局域网协议，名叫令牌环网（Token Ring Network），当时的通证是指登录验证的令牌，这是通证发展的第一阶段。[3]

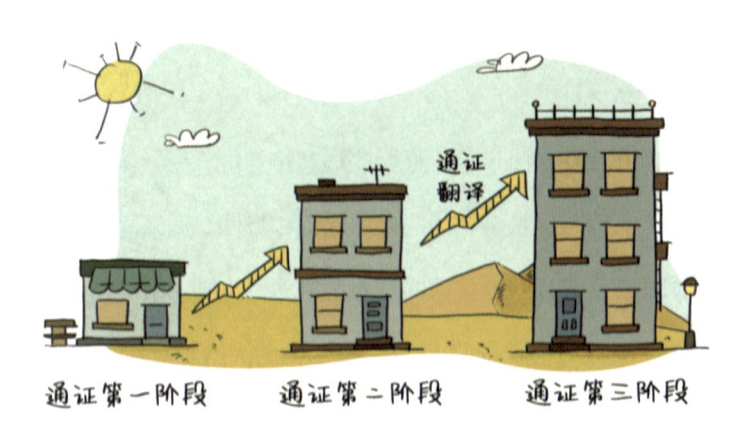

通证第一阶段　　通证第二阶段　　通证第三阶段

区块链上的价值证明

通证进入第二阶段是伴随着以太坊代币标准 ERC20 的设置推进的。在智能合约规范的基础上,投资者投入以太币换取通证。在未来,当项目进行有机运转时,投资者以通证作为投资凭证置换资产。通证与资产的对应关系使通证进一步发展成为交易所直接交易资产。在通证的第二阶段,通证实现了流程的自动化,同时它也成为一种募集以太币的凭证。

通证翻译的诞生伴随着通证第三阶段的到来。这是通证体系进一步健全的阶段,此时通证的内涵也进一步扩大。有了区块链数字加密技术的保驾护航,所有不可篡改的符号都可以作为通证。通证具有收益权、使用权、处置权等多种属性,并不再局限于代币的概念。

通证在区块链上以价值证明的形态作为价值传导体系中重要的一环,具有与区块链相同的底层保证和特性。通证的概念可以扩展到能够代表任何有价值的东西,例如传统概念中的债券、股权、房产,同时它又可以与新型概念中的大数据、物联网等结合。因此,通证将在经济体系乃至社会体系中发挥更大的作用。

第 4 章 · 设计篇

另外，从技术上来说，女巫攻击促使共识机制成立，而共识机制要求资源投入及通证奖励，激励参与者做正确的事情，让女巫攻击在经济上失效。通证作为一种能够证实我们身份的细节资料，让女巫攻击全面崩溃，从而使其失效。简单地说，就是通证能够证明你是自己人。

区块链的根本能力与通证的"通"互为表里。区块链作为交易和流通的基石使通证具有了高效交易、流转且安全可信的特性。

通证基于固有和内在的价值

由以上论述我们知道,如果一个系统需要具有通证经济的性质,那么它就需要一个通证,你可以把通证理解为"代币",但它并不是真的代币。如果说币圈是资金空转的代表,那么通证就是脱虚向实的代表。这两者的不同之处:通证基于固有和内在的价值。

一个有机运转的健康的通证经济生态圈是立足于实体经济,并为实体经济服务的。通证只有不断被使用,才能真正实现其价格发现、价值传递的功能。因此,把各种权益证明通证化,并使通证在市场上交易,借助市场自动发现通证价格并传递价值,才是通证真正的意义所在。

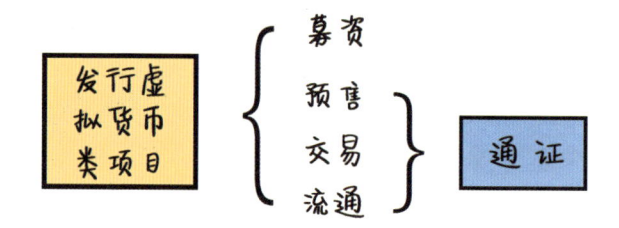

第4章 · 设计篇

以发行虚拟货币为目的的项目并不能称之为通证，原因是以发行虚拟货币为目的的项目，其根本目的是吸收目标客户群的款项，然后将其转换成代币，鲜有项目真正想要建立一个健康循环流转的通证经济生态圈。虽然此类项目与通证上市一样，要经过预售、交易、流通的环节，但是此类项目在预售之前一定要经历一个募资环节，才能继续进行之后的三个环节，这也是其与通证最大的差别。

通证作为一种流通手段，加之以信用背书和权益证明，在某种程度上可以被看作一种资产证券化。当通证以单个消费者为主体时，个人层面的资产证券化是以其个人信用背书的。当一定数量的个体都将权益进行"通证化"时，通证所带来的效益便不再单单是个人层面的，而是整个社会福利的扩大。

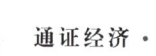

以通证为基础的社群生态对协议的创建、维护、应用都意义深远，原因在于，在这个生态里，所有的参与者都服务于协议并共同推进协议的完成。其中，创建者在创建协议的同时保留一部分通证，其概念相当于我们所说的原始股。在接下来的发展中，后来的参与者与创建者一起推进健康生态的发展，促使通证在流通使用中实现自我的价格发现与价值增值。

网络外部性是指网络参与者在网络中可能获得的效用与网络规模存在明显的相关性。通证生态在创建阶段就从社群中网罗了大量感兴趣的支持者，接着通过发行通证发展目标用户群体，用户一方面获取通证并在该通证生态中使用，另一方面又有希望通证增值的诉求。因此，部分用户会参与并监督协议的开发过程，以推进协议的完成。综上，通证生态是解决网络效应的手段之一。

稳定货币：现实中的可能性解析

前文我们提出要保持一个独立经济体所发行的通证和国家法定货币之间的稳定关系。通证必须保持其制度稳定，它的交易仅限于独立运行经济体与其成员和会员。每个通证背后都印有其拥有者的名字，一旦通证超出了这个界定范畴，它的价值就会失效。

USDT（泰达币），是一种与法定货币挂钩的数字货币，以1∶1的比率与美元兑换。USDT通过Omni①层协议在比特币区块链上以代币的形式首次发行，与其等值的美元储备于香港Tether有限公司。持有人可以将USDT与等值的法定货币或比特币兑换，且USDT的价格与法定货币永远是对应的，对应的法定货币存储量远大于或等于USDT的流通量。

虽然USDT的创立者本身存在诸多问题，且其创立过程和目的可能并不单纯，但创立者把它与现实货币挂钩的思想还是值

---

① Omni，原名万事达币（Mastercoin），是一个提供创建和交易自定义数字资产和货币的平台，是建立在比特币之上的软件层，是一个比特币区块链上的开源、安全分散的资产平台。——编者注

第 4 章 · 设计篇

得我们学习的。独立的经济体在发行自己通证的同时，不妨也试着按一定的比率与现实中的法定货币挂钩，这样该独立经济体的工作人员和用户才能信赖公司所发行的通证，这个过程的主要目的就是让这些人明白：你在公司通证体系下所得到的奖励和惩罚最终都会体现在你的银行账户中。

目前，通证的发展还处于初级阶段，覆盖的场景屈指可数，并存在大量以通证、区块链为噱头的产业泡沫，想要与传统金融资产抗衡还有很长的路要走。然而，在未来，区块链资产通证化将成为经济的一大助推器，包括互联网、物联网数据以及传统自

产的通证化可以明确数字资产权属，加速数字资产流通。

如何设计一个合理的通证经济制度

根据学者邹传伟的文章《从经济学角度理解区块链》，区块链技术的冲击使制度涉及的两个共识问题变得更加突出，一是决策共识，二是市场共识。

首先是决策共识。它指代群体成员发展并同意某一个对群体最有利的决策，常见于政治活动和公司治理。它的主要内容是，在群体总量中存在着不同的利益群体，且群体之间存在利益冲突。总群体中又有一定的治理结构和议事规则，通过沟通

和对矛盾的调和折中，形成对总群体最有利的普遍约束决策。在区块链世界中，比特币社区关于"扩容"的讨论以及以太坊在区块链项目 DAO 中被攻击后关于分叉的讨论，都可以通过决策共识理解。[4]

其次是市场共识。区块链资产交易形成的均衡价格就是市场共识的体现。

此外，邹传伟还在文章中提到了算法共识，诸如大家讨论的 PoW 还是 PoS，TPS（每秒事务处理量）多少，都只是为了确保分布式账本在不同网络节点上备份的文本是一致的，但这并不是最重要的，如果要运用区块链技术真正使通证活化，改变人们的经济状态，那么决策共识和市场共识是更需要解决的两个问题。

邹传伟所述的这三类共识实际上可以构成一个独立经济体通证体系的基本框架。算法共识是网络节点运行算法规则的产物，决策共识是由人来制定或修改算法规则，市场共识则是在算法共识和决策共识的基础上由市场机制产生。市场共识受算法共识和决策共识的影响。[5]

根据谢平、邹传伟和刘海二的研究，[6]通证经济制度可以按照以下三个步骤来建立。

以交换经济为内核

通证经济一般有一个交换经济内核，里面的其他活动围绕这个内核展开。交换经济是指在既定的生产情况下，经济主体的活动表现为把各自拥有的商品在他们之间进行交换，或者说把社会的总资源和总产品在各个经济主体之间进行重新分配，以达到社会福利最大化。共享经济存在的根源是人与人之间的资源禀赋或者社会分工不同。

迈入互联网时代，以互联网技术为依托，互联网交换经济概念也随之应运而生。在互联网交换经济中，交换标的物指的是交换的物品。在这个过程中，交换的参与者即交换标的物的供给者和需求者。交换媒介一般是指法定货币，当然也可以是虚拟货币，甚至可以不具备任何货币特征。

互联网经济的三大支柱：交换标的物以及交换媒介的所有权在供给者和需求者之间转移；交换参与者的信息系统，包括交换目的、交换对象、交换数量；资源配置机制，此时需要考虑参与者的禀赋、偏好，从而实现高效匹配供需。

交换媒介通证化

通证化是指将互联网交换经济中的交换媒介替换成某一通证，先假设这个通证由某一中心主体发行和管理。这个通证应该具有六个特征：由通证经济所在的网络社区发行和管理，以数字的形式存在，网络社区建立了内部支付系统，被网络社区的成员普遍接受和使用，可以用来购买网络社区中的数据或实物商品，可以为数据或实物商品标价。

通证化的两种分类：第一，当存在价格机制时，交换媒介为法定货币或者虚拟电子货币，此时可以直接将该代币通证化，比如电子商务和共享经济；第二，当不存在价格机制时，交换媒介不具备货币特征，此时需要利用通证化引入价格机制，比如浏览器、搜索引擎等。在还未通证化的情况下，网民通过门户网站、搜索引擎免费获得了资讯，用以交换的是他们的个人偏好等大数据信息，门户网站基于此信息定向推送广告给用户。

然而，真实情况是用户并不知道他们的数据被使用到了哪里，被使用了多少，或者是否进行了公平的交易，即用户被动接收了过多的广告。而在通证化的情况下，门户网站想要使用用户的数据需要向用户支付一定数量的通证，用户也可以使用这些通证在门户网站购买所需资讯。通过引入价格机制，这场交易公开透明，且用户掌握了自己隐私数据的主导权，门户网站也可以有效汇聚市场信息，提高资源配置效率。

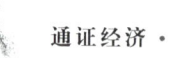

区块链叠加

区块链叠加指的是将中心主体发行和管理的通证通过区块链技术实现，通过区块链的分布式账本记载相关经济活动和交易信息。同时，针对通证经济生态的每一位参与者，设计出合理的激励机制，令通证经济生态真正运转起来，实现可持续通证经济的循环运转。

区块链叠加显示了区块链在经济学上的三重属性：去中心化的支付系统、分布式账本和激励机制。这促使未来通证经济的生态能够真正实现能量、价值的传递传导机制，但是在实际推行的过程中，也伴随着复杂的交易成本和治理结构问题。

第 5 章

未 来 篇
科学的种子,是为了人民的收获而生长的

随着信息技术的不断进步，智能化的综合网络遍布社会各个角落，信息技术正在改变人类的学习方式、工作方式和娱乐方式。数字化的生产工具与消费终端广泛应用，人类已经生活在一个被各种信息终端包围的社会中。信息逐渐成为现代人类生活不可或缺的重要元素之一。[1]

本章将主要从三大方向来分析区块链通证经济的应用方向及未来变革的思考。未来的公司会是什么形态？区块链通证将如何与政府结合？区块链通证将如何助力供给侧改革和未来经济？

通证经济与未来公司

通证经济与区块链技术如何适用于公司呢？我们先讨论一

个小案例。比如，客户要投资一家公司，而目前分析一家公司最好的方法就是从会计账本出发。当然，这么做的前提是会计层级能够真实记录下这些交易信息（被记录下的会计信息按规则是无法被更改的）。然而，回顾金融发展的历史，很多公司在会计账本上做文章，它们试图增加自己的利润或者抹掉自己的不良记录。这些修改往往很隐秘，而且如果数量很少，那么这些修改是不容易被政府甄别出来的，因为查找工作很耗时耗力。

第 5 章 · 未来篇

举例来说，安然事件就是会计层级舞弊的结果。安然事件始于 2001 年年初，投资机构老板吉姆·切欧斯公开质疑安然公司的盈利模式。就如同打开了潘多拉的魔盒一样，这家曾是世界上最大的电力、天然气和电信公司之一的商业巨头在短短的一年内便走向倾覆。据吉姆·切欧斯分析，安然公司的盈利率在 2000 年为 5%，到 2001 年年初就降至 2% 以下，仅仅 7% 的投资回报率引发了投资者的怀疑，他们开始追查安然公司真正的盈利情况。

事件开始不断发酵，投资者对安然公司的信任也在逐渐崩塌，到 2001 年 8 月 9 日，安然公司的股票价格已经从 2001 年年

初的每股 80 美元迅速下跌至每股 42 美元。10 月 31 日，美国证券交易委员会开始对安然公司及其合伙公司进行正式调查。[2]

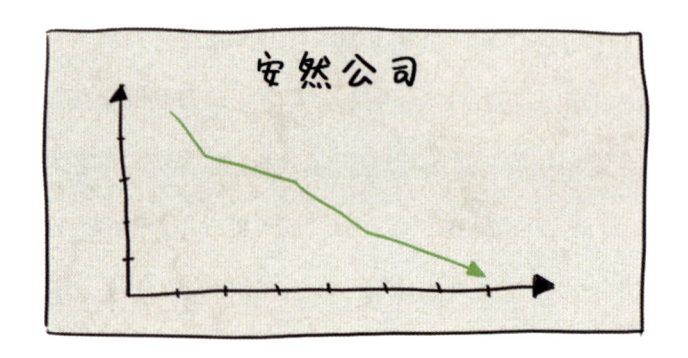

调查发现，安然公司将高达 130 亿美元的巨额债务转嫁到其合伙公司的账目中，因此这些巨额贷款就不会出现在安然公司的资产负债表中。自 1997 年以来，安然公司虚报了近 6 亿美元的盈利。同时，作为安然公司财务报告的审计者——位列世界第一的会计师事务所安达信，既没有通过审计发现安然公司虚报利润，也没有发现其巨额债务。2001 年 12 月 2 日，安然公司正式申请破产保护，高达 498 亿美元的破产清单资产令安然公司成为美国历史上最大的破产企业。引入区块链技术通证可以使历史记录无法被更改，这将会是会计层面上的一项重大突破。

那么，在一个公司的内部职员之间发行通证对公司有什么好处呢？公司内部的通证可以打破公司内部的信息不对称，大大提高工作效率。设想一下，公司老板会遇到哪些管理问题呢？

（1）公司规模越大，成本越高。

（2）管理公司的时间成本也很高。

（3）还会带来人才群体风险。

这些问题背后反映的就是人才管理成本。虽然现代公司制度正在被不断优化，但它始终无法深入测度公司内部的各种个体行为。引入区块链技术后，这方面能够得到改善。如果公司的激励与惩罚可以通过通证直接传达到个体身上，并且通证的激励与惩罚能够不断被上传到公司的公告栏中，那么公司内部人员就都能够清楚自己同事的行为以及相应的后果。

例如，目前公司的奖励机制主要体现在对最终结果的奖励上，而忽略了对过程的判断和奖励。一个团队做出了很棒的业绩，可能是因为有一名很厉害的技术师，也可能是因为有一位多

第 5 章 · 未来篇

能的领导者，但最终的奖励是对整个团队的奖励，老板是不知道每名员工的分工的，也不知道每名员工到底为团队取得成绩贡献了多大的力量，团队成员可以选择合谋隐瞒使自己的收益最大化。

倘若公司内部存在一种通证可以将工作过程标记化，每名员工所做的工作能够最终以通证表示，那么最后呈现的不仅仅是一个团队最终的整体成果，还有每个人承担的责任以及相应的努力，老板最终可以综合结果与过程对每名员工施行相应的奖励和惩罚。我们把这个过程称为"企业社群化"，即把公司转化为一群共同通证的持有者。

既然在公司内部人员之间以及公司与客户之间能够建立以通证为连接的新兴结构，那么我们不禁要问，在整个经济系统中能否推行通证来替代货币呢？答案是否定的。我们如何建立通证和法定货币之间的联系呢？目前大家施行较多的方式是锚定制，即我们规定某公司所发行的通证对应一个法定货币，并且该通证不能转让，不能交易，每个通证都有持有者的标记，该持有者必须是公司员工。

如果币价波动太大，那么公司的员工就不会信任公司所发行的通证，所以取缔通证交易市场是最好的办法，因为这样既可以区别于虚拟货币的模式，又能够发现并衡量公司细节行为，让大家都能在透明的制度下办事，提高公司的运作效率。

第 5 章 · 未来篇

在通证经济的模式下,每个公司未来都会设置一个通证部门,其作用就如同国家的中央银行一般,用调整"储备金"的方式来确保通证的价值相对稳定。全球第一个去中心化的内容估值和发布平台 U Network 的联合创始人卢毅曾提到一个简单的模型,这个模型分为两部分,一部分是股权,另一部分是通证。如果通证价高于 1 美元,那么通证就被增发了,市场份额增大,通证价就会下跌。

比较麻烦的是,如果通证价低于 1 美元,

131

那么应该怎么处理呢？公司会发一些股权给员工，员工会有利息，这就会使通证价上升。但是我们要注意，通证价上升的受益者仅仅是持有该通证的公司员工，有标记的通证只能在员工与公司之间流通，一旦超出这个范畴，通证的价值就会骤降为零。

目前来说，公司内部资产、交易和信息在区块链内外的交互还面临不少技术与制度上的难题。从长期来看，这些难题会有解决方案。[3] 但在现阶段，通证经济更适合在互联网公司中运行处理，因为它们不需要物流，能实时交割，而且员工对公司的贡献也很容易度量，比如谁写了多少代码，某个大型程序的代码是谁写出来的，某个成功产品的基本方案是谁构思出来的，员工的贡献各占几成，等等。这些贡献利用现阶段技术是可以被度量的，

并且能够被通证标记。

在人才就业结构与形态方面，传统岗位逐渐被淘汰，新的就业方式也在不断涌现，例如自商业模式、弹性工时制、互联网办公等，具体表现为劳动力人口向信息部门集中。信息化程度较高的发达国家，一半以上的从业人员均为信息从业人员。当然，就业结构与就业形态的变更也使与之相匹配的商业交易方式、政府管理模式、社会管理结构发生了变化。

生活方式和社会结构的电子信息化，并不意味着现代商业活动可以突破经济学上的不完全信息化。经济学上的不完全信息化

是指由于认识能力的限制，人们不可能知道在所有时间、所有地点发生的所有情况。

在研究经济学的文献中，罗纳德·科斯的论文《企业的性质》回答了两个问题：企业为什么会存在？企业的规模由什么因素决定？科斯对这两个问题的回答是市场成本论与组织成本论。

文中针对企业规模问题指出，如果企业想要扩大规模，那么其必要条件是企业内部组织一笔额外交易的成本等于在公开市场上完成这笔交易所需的成本，或者说，等于由另一家企业组织这笔交易的成本。当企业扩大规模时，每追加一笔企业内部的额外交易，企业内部交易的边际成本就会递增。[4]

原因在于，企业不同于市场，没有价格信号，资源配置依赖于企业家的自我判断。当内部交易增加时，生产要素在数量、类别上的匹配都更加复杂，企业家判断失误的可能性也增加，这也就导致新增资源的使用效率逐渐降低。也就是说，当企业内部交易增加时，企业家并不能精准地将需要的生产要素用在能让它们价值最大化的地方。

对于工商企业对他人产生有害影响的行为，科斯在另一篇论文《社会成本问题》中进行了详尽的阐述。他提出，传统做法中认定"应该制止对乙产生损害的甲"是有失偏颇的，这种非黑即白的做法错误地掩盖了问题的实质。由于外部效应的问题具有相互性，因此，如果简单地阻止了损害乙的甲，那么甲也会受到损害。所以，要解决的问题是允许甲损害乙还是允许乙止损，它的核心应该是避免较重的损害，且应当从总体和边际的角度来认识问题。

结合企业在实际操作中的委托-代理理论，委托人不知道代理人的真实水平，只能通过一些客观的数据（如代理人的学历、以前的工作经历、专业证书等）判断所雇用的代理人的能力，这些信息在经济学上被定义为公共信息。但是诸如道德水平、身体状况甚至公共信息的真实性等私人信息掌握在代理人自己手中，在代理人进入企业工作后，委托人只能通过他的表现印证自己之前根据资料对代理人的一些猜想。但委托人对代

理人的判断往往是滞后的，甚至很多时候在代理人犯了错后，委托人才能充分了解代理人的类型，这样就增加了企业内部交易的成本。

同理，当一个企业存在于社会上时，它会为社会提供商品，但是人们看到的只是该企业所提供的商品，却看不到企业背后的生产环节所带来的所有成本，比如化工企业对水道的污染、烧煤企业对空气的污染等。所以消费者仅仅是以自己的效用来衡量公司生产的产品所带来的福利，实际上还应该以整个社会的效用函数来衡量产品带来的福利。但是因为信息记录无法全面覆盖整个企业的生产情况，所以人们无法将社会效用精确地纳入考虑范围。总之，电子意义上的完全信息化并不能实现经济意义上的完

全信息化。

　　区块链技术的出现使分布式记账成为现实，在全网公开的情况下，链的参与者可以共享信息，这就使人与人之间、公司与公司之间、政府与公司之间有一个共享信息空间。比如，许多媒体所宣传的区块链可以在公司之间建立一个不可篡改的分布式账本，而且全网公开，参与的公司对区块链记录的内容有共识，能消除信息不对称；再如，区块链建立了一个人人平等的民主社区，无须信任，能在去中心化的情况下支持很多交易活动。[5]所以，区块链能够大幅降低企业与企业以及个人与个人之间的信息成本。

第 5 章 · 未来篇

同理，在一家公司内部，企业家可以充分参照其公司内部发行通证的奖惩情况来观察其员工是否按照公司的规章制度来工作，是否积极地为公司创造效益而不是搭顺风车，然后再根据相应的统计结果对内部人员进行调整，从而提高整个企业的工作效率。有人建议在国际电子汇款中使用区块链技术，现在的国际资金转账，往往需要几个工作日才能到账，而如果使用区块链技术，那么这个过程在很短的时间内就会完成，因为整个过程涉及的仅是账本的改变，并不会形成在途资金。

借助区块链形成的共同账本，人们可以对企业、个人的各种行为形成一个账本。从理论上来说，各式各样的过程都能够被

捕捉到。前文提到经济学上的不完全信息化可以通过区块链被突破，人们可以知道交易对方在任何时间、任何地点的任何情况，这将对市场契约的制定和签订起到空前的促进作用。

综上所述，通证经济体系所带来的完全信息化有两大好处：第一，清晰的分工划分和界定，独立经济体的运行更有效率；第二，通证经济可以减少社会信息不对称，完善社会契约过程，给社会的经济福利带来正向的经济效益。

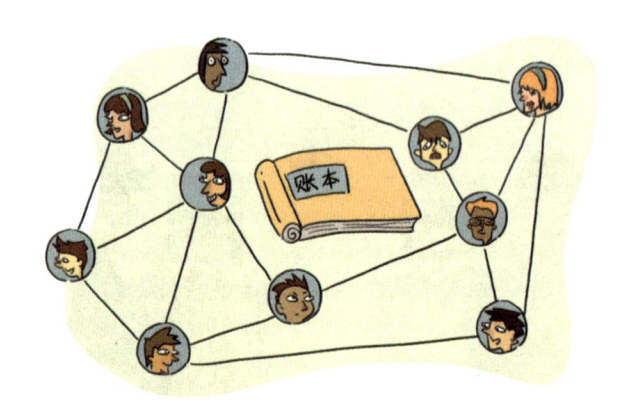

由于区块链能够让合同协议自动、独立、安全地执行，智能合约可以消除目前维护、执行和确认合同执行的一整套工作——会计师、审计师、律师的工作，以及许多法律体系，所以制度的

设计变得强有力,产权的界定也变得更加清晰。

当合约为完整合约时,该合约记录了每一种可能发生的情况所产生的后果。当合约为不完整合约时,允许对不在合约内事件的发生情况重新协商。不完整合约为部分交易发生在公司、其他交易发生在市场的情况提供了一种解释,且为纵向整合和公司规模提供了进一步的指南。当交易费用大于零时,法律条例和法庭判决才会被参考与启用,当然,这本身也可以减少交易费用。因而,新制度经济学与区块链的结合将在交易费用理论上产生新的研究和突破。

在制度规则设计出来后,参与者便会在既定的制度规则中进行博弈。如果制度设计得特别好,那么在理想情况下,参与者之间的博弈是可以达到完全信息化状态的,但是倘若制度设计得不好,那么参与者之间还是会以一种不完全信息化的方式

进行博弈。

从字面意思上来理解，完全信息化与不完全信息化指的是参与者是否掌握其他参与者的全部准确信息。具体来说，完全信息化是指每一个参与者都准确地掌握所有其他参与者可能采取的策略集、得益函数以及其他相关特征；不完全信息化则是指参与者知道其他参与者提到的相关信息以及各种相关信息出现的频率，即知道其他参与者的不同类型与相应选择之间的关系，但是不知道他们属于哪一个具体类型。

由于行动有先后，后行动者可以通过观察先行动者的行为获得有关先行动者的信息，从而证实或修正自己对先行动者的行动。我在上一节中提到的企业委托-代理理论，主要就是研究企业在不完全信息化情况下所形成的各类契约的均衡。这里我们要介绍的两个概念是静态博弈和动态博弈。静态博弈是指博弈中的参与者同时采取行动，或者尽管参与者的行动有先后顺序，但后行动者不知道先行动者采取的是什么行动；动态博弈则是指参与者的行动存在先后顺序，且后行动者可以根据先行动者的选择做出其行动选择。

第 5 章 · 未来篇

静态博弈　　　　　动态博弈

结合上述两个概念，完全信息化动态博弈是指参与者可以准确掌握其他参与者的全部信息，并且行动存在先后顺序，后行动的参与者可以观察先行动的参与者，并据此做出相应的选择。不完全信息化动态博弈是指参与者不能掌握其他参与者的准确信息，但是可以根据其他参与者的不同类型以及所属类型的概率分布给出一个初步的判断。博弈开始后，由于博弈存在先后顺序，因此参与者可以根据其他参与者的行动来修正自己的判断，并根据这种不断变化的判断选择自己的策略。

通证经济与未来政府

通证经济有效辅助国家监管

中文 IT（信息技术）社区 CSDN 副总裁孟岩曾提到，区块链这个后台设施将所有数据都原原本本地存档，追溯方便，无法篡改，无法抵赖，再结合人工智能和大数据分析技术，极其便于主管当局对其实施监管。更厉害的是，通证经济结合区块链"代码即法律"的能力，可以将很多规范直接写入智能合约。[6] 我们在前文中提到通证带来的好处之一就是激励与惩罚机制，其实对

第 5 章 · 未来篇

国家监管来说，通证经济的确能够帮助国家细化监管。

林肯在 1863 年的一场演讲中提出"政府应该为民所有、为民所治、为民所享"。现在，政府可以通过在区块链大背景下所诞生的通证造福于民。《区块链革命》曾提到一个叫作爱沙尼亚共和国的地方，它于 1991 年从苏联重新独立出来时，抓住机会，彻底重新思考政府的角色，并重新设计其运作的方式、提供的服务和通过互联网技术达成目标的途径。如今爱沙尼亚被公认为数字政府的世界领导者。

在爱沙尼亚的数字政府模式中，有几种模式值得我们借鉴学习。

到2012年，90%的爱沙尼亚人都拥有了自己的数字身份证。这种数字身份证可以适用于政府服务系统，并且可以在欧盟内通行。

嵌入身份证里的芯片含有卡主的基本信息以及两个证明，其中一个用来验证身份，另一个用来提供数字签名，此外还有一个由卡主自己选择的个人身份识别号（PIN）。[7]这就好比政府把身份证变成了电子通证的一种形式。在未来，各个省级政府可以向各个省份新出生的人口发行特有的身份通证，实现人口资料电子化。

第 5 章 • 未来篇

爱沙尼亚的数字身份证可以被用于进行电子投票、申报税务、申请社保、获取公共交通和银行服务。这个过程并不需要使用银行卡或捷运卡。爱沙尼亚人也可以用手机上的移动身份证来做这些事。在 2013 年爱沙尼亚人提交的税务申报中，超过 95% 的人使用的申报方式是电子方式，超过 98% 的银行交易是网上操作的。学生和学生家长用电子学校来追踪作业、课程、分数，并与教师协同工作。

爱沙尼亚为每个公民将来自各个渠道的各种各样的健康信息实时整合进一个单一的记录之中，这些记录并不单独地保存在一个单一的数据库里。每个爱沙尼亚人都有独家访问权来查阅自己的记录，也有权决定哪位医生或家人能够上网查阅这些数据。另外，自 2005 年以来，公民可以以电子投票的方式进行国内选举。爱沙尼亚人使用他们的身份证或移动身份，能在世界上任何地方登录系统并进行投票。[8]

在 2011 年的议会选举中，有 25% 的公民投票来源于网络，而上次议会选举的网上投票率只有 5.5%，这可以看出爱沙尼亚的公民逐渐适应了用这个系统进行投票。爱沙尼亚人的电子土地登记册是从不动产市场转型而来，它把土地转让的时间从三个月缩短至一周多。

在过去几年间，爱沙尼亚已启动了"电子居住"计划，世界上任何人均可申请一个"跨国数字身份"并进行验证，以此获得安全的服务以及实现数字化地对文件进行加密、核实并签

第 5 章 · 未来篇

署。[9]全球任何地方的企业家均能在20分钟内在线注册公司，并在线管理该公司。我们可以从爱沙尼亚的模式看出，电子化通证可以大大提高政府管理所属地人民的效率，人们可以很方便地用电子通证来办理各种事务，而不需要通过烦琐的验证。

这就是通证经济管理的切入点，区块链的特性让政府管理能够实现高层级的目标。

权利的透明：所有公民都有权利通过投票平等地参与政府事务。同时，成功竞选的人有义务也必须尽可能公平公正地处理政府事务，因为他所做的每个决定都是公开透明的，会受到全社会的监督。公民的通证身份认证使他们承担了更多社区责任——他们从每年的民意大会中得到信息并记录在公民个人的通证信息中。以区块链技术为平台，政府行为还可以通过公共记录的形式记载到区块链的公开账本上，这将有助于在更广泛的层面达成共识。

可靠安全性：每个人都平等地享受电子通证的合法保护。通证经济时代能够真正实现人人平等且不受歧视，因为所有的事件都会被以不可篡改的形式记入电子通证中，并对每个人的未来产生深远影响。执法者与犯法者的所有证据都不会被遗失，并且可以在区块链的记录上追踪到。

第 5 章 · 未来篇

强大的包容性：使用通证身份，公民可以参与各类社会事件，并从别人那里了解更多知识。通过区块链，系统可以降低成本，提高效率，让所有公民都参与进来。在法律面前人人平等，公民可以平等地享受公共服务（如医疗和教育）及社会保障，同时法律也保证了大家都要对自己的行为负责。

151

细分的价值：个人通证必须具有价值。系统必须为所有利益相关者设定激励机制，要对公民而非大资本负责，并恰当地使用税收。政府的运作模式是通过技术实现更高的绩效、更良好的运作及更低的成本。

如果未来物联网技术出现了较大的进步，那么在区块链账本上就可以记录智能设备，从而进行资产的生命周期管理，包括大楼、工作与会议区域、车队、电脑以及其他设备。政府雇员可将供应和需求高效地匹配起来，还能通过自动化访问、采光和温度控制降低安保、维护以及能源的成本，并追踪政府车辆的地点、维修情况和性能，同时观测桥梁、轨道和隧道的安全问题。

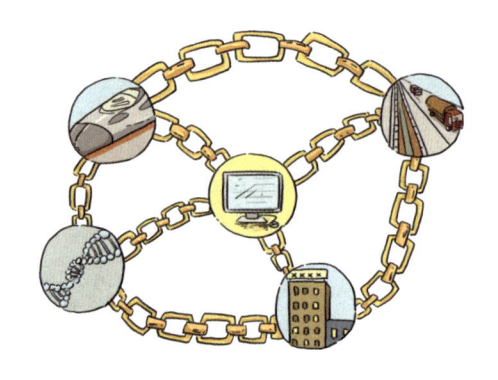

在基础设施管理、能源、废弃品和水资源管理、环境监控和应急服务、教育、医疗等领域,公共账本还能带来更好的公共成果。除了提高效率,这些基于区块链的应用程序也能加强公共安全与健康,缓解交通堵塞情况,减少能源消耗和能源浪费(比如管道泄漏)。

多价值尺度衡量个体行为的国家治理

个体行为是相对于群体行为而言的。从一般意义上来说,个体行为是指在一定的思想认识、情感、意志和信念的支配下,个体所采取的符合或不符合一定规范的行动。[10]

一般来说,个体行为具有以下特征:

(1)主动性:个体行为受其本人主观意识支配,不存在盲目性和偶然性,尽管行为者可能并没有主观思考过行为原因,但他的行为仍然是受自己意识控制的;

(2)自发性:个体行为受内在意识自发产生,外在环境可能影响行为的强度与方向,但不会驱使个体行为的产生;

(3)因果性:个体行为的产生是一个结果,因而存在一个驱

动个体行为的原因，同时该行为也可能是促使下一个行为产生的原因；

（4）可变性：个体行为不是一成不变的，它随着个人的目的、环境的变化而变化，因为人们会选择最有利的方式达成个人目标；

（5）持久性：个体行为是有目的性的，在未达成目的之前，它可能持续发展下去。

群体行为决定着个体行为的方向，个体行为是群体行为的体现，所以控制好个体行为的方向才能更好地指导群体行为的方向。国家治理中有一个很重要的点是"维稳政治"，"维稳政治"的概念对国家来说是一种对于群体行为的感知与判断，而要把控群体社会冲突现象则需要对个体行为的恰当认知。在这个环节里，法律作为重要手段具有明示作用，并以法律法规条文的形式明确告知公民，什么是可以做的，什么是不可以做的，哪些行为是合法的，哪些行为是非法的，违法者将要受到怎样的制裁，等等。然而，很多法律的制定无法推进到道德底线，这是法律的局限之处。对于个体行为的治理，如果能够找到一

第 5 章 · 未来篇

个指标从道德层面对人的行为进行约束，那么个体行为的道德约束构建也会顺利推进。

在未来，地方政府可能会向市民发放一种"良好"市民积分，用于衡量市民的社会行为。原因在于，现代社会需要多维度的价值尺度来指导公民行为，尽管对于某些严令禁止的行为，法律条例中有明确规定，但是在道德、文明或者信用层面，公民行为完全依赖人们自身的衡量标准。正如世界上没有两片完全相同的树叶一样，人们心中的"标尺"也存在着相当大的差异，这与财富、知识、社会地位无关。例如，对一个危险驾驶的富豪来说，如果对他的处罚方式仅仅是罚款的话，那么他可能完全不在乎而依旧我行我素。

通证经济 ·

通证经济时代的产物之一就是各种价值尺度的通证化。例如，如果一个富豪的驾驶通证很低，那么他可能很难购买到一辆大排量的豪车，同时由于区块链的不可篡改性，富豪也不可能通过钱财提升自己的驾驶通证以及获得购买此车的权利，这对于社会管理的意义是巨大的。在未来，这将有可能成为社会治理的一个里程碑。

第 5 章 · 未来篇

　　这个积分制度反映的思想就是通过发行有价值的通证，并制定相应的通证流转分配制度，惩恶扬善。因此，通证经济系统设计就是整个产业生态的根本制度设计，[11]而制度设计关心的最本质的对象还是微观个体本身：制度设计好后能不能按照设计者所设想的路径变换？这中间牵涉的过程是非常复杂的，这也是历史上很多政策设计的初衷是好的，到后来却变了味的原因——管理者没有协调好操作层面的一些突发矛盾。

　　正如钱穆所说："某一项制度之逐渐创始而臻于成熟，在当时必有种种人事需要，逐渐在酝酿，又必有种种用意，来创设此制度。这些，在当时也未必尽为人所知，一到后世，则更少人知道。但任何一制度之创立，必然有其外在的需要，必然有其内在的用意，则是断无可疑的。"[12]

对政府来说，在通证经济治理的背景下，如果每个人都将自己的房产、股票、工资、收入、合同、证书等所有价值的资质上传到政府构建的通证平台上，那么后台设施会将所有数据都原原本本地存档，政府很容易对其实施监管。

比如，未来我们的智能合约将与个人声誉绑定，政府基于区块链网络对诚信通证化。此时，缺乏诚信的卖家、买家将被限制交易。由于区块链可以同时从内部、外部提供保护，防止篡改，人们无法随意更改过去的交易记录或者政府记录，因此该数据具有很高的可信度。

第 5 章 · 未来篇

这样一来，奸商就知道对市场、对客户诚实才是自己的最佳选择，这能明显提升整个社会的福利效应。

经济学上有一个很著名的关于次品问题与逆向选择的例子：如果你买了一辆车，你才驾驶了几公里就想卖掉它，那么你就不得不大幅降价，才能将其卖出。明明是新车，为什么价格要比店里的新车低那么多？关于这个现象有很多相关的解释。1970 年，乔治·阿克洛夫曾提出造成这个现象的一个根本原因是信息不对

称：二手车的车主对车的质量拥有比潜在买主更多的信息。出售的这辆二手车，哪怕是刚买的新车，也可能是次品，用美国俚语来说就是"柠檬"（Lemon）。

事实上，"按质论价"是很难实现的，因为人与人之间的信任是很难建立的，而且由于信息不对称，交易并不是透明的。当一方"猜质给价"而另一方"按价供质"时，交易物品的质量只会越来越差。开诚相见是上策，但开诚相见需要合理机制。这个机制能够消除交易市场上的私人信息，消除交易市场上逆向选择的来源。区块链背景下的通证经济的最大优势就是可以最大限度地消除交易市场上的私人信息，防止逆向选择导致的市场萎缩。

第 5 章 · 未来篇

政府政策的实施更高效、更透明、更公开

由于运用了分布式存储管理技术，政府管理体系下的通证经济能够大大改善政府工作的方式和管理方式。政府可以节约时间并且精简机构中的冗余部分、减少贪污腐败。为什么会达到这样的效果呢？

因为通证能够赋予公民权利，让公民能够真正意义上按照自己的想法去参与公共政策的制定。通过通证，我们能够在政府管理和公民选择中找到平衡点。因为它既能很好地管理政府的赤字水平，又能履行政府的责任，满足了个体和群体的需求。有些学者甚至还想进一步让公民参与政府预算的管理。

当政府掌握每个居民的生活标准（收入、资产、孩子的数量和年龄、住房类型、教育水平等）时，就会对居民进行分类，为他们制订相应的福利规划，而公民可以在政府的福利规划中发表自己的意见供政府参考，这是一个非常民主的过程。最后，公民可以根据政府为他们制订的福利规划，再按照自己的实际情况进行预算分配，实现个体效用最大化。

政策的影响力通过区块链点对点网络散布开，将实现更高层次的效率、均匀性、实用性和信任度。公开的政策实施数据是对确保数据准确性的激励。人们可浏览数据，当发现错误或者能够证明数据已被篡改或毁坏时，他们可做出标记，这就是通证经济背后的政治治理机制。自上而下的政策传导往往因各种传导途径的不通而导致实施效果扭曲，有了区块链技术的支持，政策实施不仅能自上而下被观察得更加通透，而且能观察同一水平上的政策对不同人群的影响。有了这些可靠的数据，就能产生可观的社会治理经验，并且公民也能用更多的权利来改善生活。

所以，区块链背后的通证经济可以帮助我们实现未来的共产主义。

第一，区块链可以实现供给侧结构性改革。

供给侧结构性改革的原因在于，在传统经济学的概念里，拉动需求的"三驾马车"分别为消费、出口与投资，然而产能过剩、债台高筑加上大量的楼市库存导致仅仅依靠需求拉动经济的收效甚微。就好比一个做蛋糕的企业，为了增加销量，它生产了大量的同质蛋糕，但消费者不愿意购买这种蛋糕。供给侧改革就是从以量取胜转变为以质取胜，即企业生产许多不同种类的蛋糕来满足不同需求，消费者自然会根据自己的偏好去购买蛋糕。在一个健康的通证生态里，通证的供给是市场化、自由化的，且在区块链上运行的通证是随时可验证、可追溯、可交换的，这也就意味着它具有高度的安全性、可信性和可靠性。因此，通证经济时代可以满足多样化的交易需求，推动自商业的进一步发展，为

消费者提供更多样化的产品选择,从而拉动经济增长。

第二,个人通证的流通速度加快。

根据欧文·费雪的理论,在实体经济时代,货币流通速度与经济增长率有着密切的关系。当经济高速增长时,货币流通速度加快。在互联网经济时代,网络流量也成了衡量国家、地区发达程度的重要指标。在未来的通证经济时代,通证的流通速度也将有可能作为衡量经济发展水平的指标。原因在于,有了区块链技术加持的通证将比实体经济乃至互联网经济时代的卡券、积分、票据、资产流转得更快,加上密码学的应用,通证经济时代的交易将更加可靠,这进一步降低了纠纷和摩擦的可能性,显著提高了经济效率。当个人、组织乃至国家的通证

飞速流通、交易的时候，人们的生产生活方式将更加便捷、更加高效。

第三，通证的价格发现机制更加敏锐。

相比传统经济时代，在区块链上流通的通证使通证的价格发现机制更加敏锐。利用通证经济"看不见的手"可以把有效市场推广到每一个微观领域中。

第四，通证经济的应用将紧紧围绕智能合约展开。

围绕通证的智能合约应用是通证经济的着陆点，也是通证经济的创新点所在。在未来，通证经济时代也许会像现在的"互联网+"时代一样，"通证经济+"将创造无限可能。

基于这四点，通证要素是我们导向下一代互联网新经济的关键。区块链背景下的通证经济治理可以让社会治理更加完备化，其高效性、多维性、广泛性都能被体现出来。交易中的私人能够最大限度地被公布出来，逆向选择问题也能够被很好地避免。通证经济为真正走向共产主义提供了技术支持。

通证经济与未来经济

经济存在于人们每天的生活中，经济学主要研究如何高效率地利用劳动、资源与科技创造有价值的东西，如何满足人们每日所需，以及如何帮助人们交换他们手中有价值的东西。现代社会中，组织各种要素的主角是国家政府，但是由于现在网络科技的发展，信息传播的速度越来越快，范围越来越广，这在某种程度上会影响现代经济现象，其中涉及的区块链技术也会逐渐渗透到我们经济生活的方方面面，许多在以前的经济规则下所衍生的经济交易主体如今将会面临一些改变。

通证经济对现行经济模式的潜在冲击

根据学者邹传伟的研究，原先的社会中存在着有真实需求的交易行为，但这些交易行为受制于激励机制、交易成本或支付等方面的约束而难以有效进行。合约设计中的激励合同设计是一个值得关注的点。如果有两个变量，那么一个变量是可度量，而另一个变量是不可度量；如果给可度量的变量提供非常强的激励，那么不可度量的那个变量就不会有激励。

假设教育系统中有两个变量，高考成绩、上课出勤率等均为可度量的变量，创造力、文明素质等为不可度量的变量。给予可度量的变量很强的激励，此时不可度量变量的激励水平将会非常低且容易被人们忽略。因而，需要有意识地增强不可度量变量的激励，同时减弱可度量变量的激励。

　　该理论来自本特·霍姆斯特罗姆，他表明，并不是所有的激励都是越强越好，激励的效果取决于变量的可度量程度以及各种不同变量所组成的激励体系。回到上文所述教育系统的例子，目前过高的可度量变量激励导致不可度量变量发挥的效用越来越低，从而很难培养出具有创造力的高素质人才。

　　同样的道理运用到通证经济治理中，一个健康的通证经济生态需要合理的通证体系设计。如果在设计通证体系时，把可度量变量的激励设置得过高而忽略了不可度量变量的激励作用，那么社区贡献度、运营贡献度等不可度量的变量激励将越来越弱，这

样打造出的通证经济生态也很难健康发展。

当企业和个人的交易行为可以被通证化的时候，最容易受到冲击的将会是实体经济的血液——金融。有人曾预计2028年银行会被消灭，2029年保险会被消灭，2030年一半的小国的货币会被消灭，虽然这是种很夸张的说法，但是在某种程度上反映了

人们对于区块链的担忧。

比如，在金融稳定方面，中央银行可能发行基于区块链技术的数字货币来调节数字货币的供给量和利率。在清算体系方面，支付清算将不一定通过二级银行账户体系，可以在中央银行的资产负债表内直接进行。[13]

因此，中央银行数字货币有助于剥离商业银行在支付体系中的特殊地位以及解决由此造成的"大而不能倒"问题。这也可能造成银行存款的不稳定，因为老百姓可能提取银行存款，将其换成中央银行数字货币。[14]另外，区块链技术能使保险产品种类更加丰富，原来无法捕捉到的一些风险，现在可以被捕捉到了，那么这些新风险就可以被量化，保险公司可以据此设计新的保险产品。

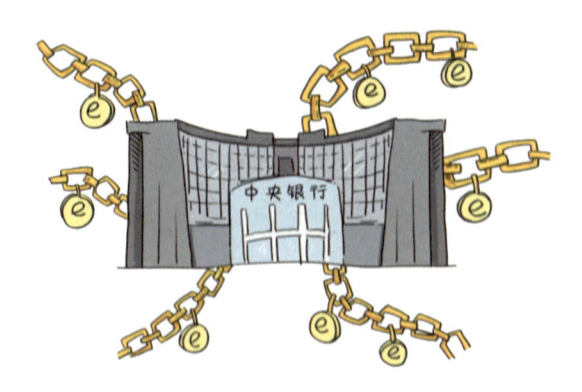

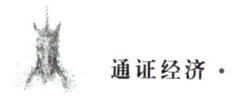

此外，根据克里斯·伯格、辛克莱·戴维森、贾森·波茨的研究，对大企业来说，经营规模将会由覆盖其业务层次的成本驱动转向由大规模金融投资下不完全合同和技术必要性驱动。此商业模式的立足点在于股东资本主义是商业组织的主要形态。基于区块链上更多的完全合约，企业家、股东和创业者能够对商业公司有更好、更全面的把控。

过去，金融资本是商业运作的立足之本。现在，人力资本的重要性越发凸显。未来，企业家开发的应用将直接发布到通证市场中的应聘者、雇用者乃至使用者的手中，企业家唯一需要做的就是观察他们钱包里累计的积分。

第 5 章 · 未来篇

在通证时代，商业模式也在不断简化。例如，设计师可以直接通过应用将作品发布到通证市场中，如果用户对该作品感兴趣，就可以直接用通证购买设计，然后运行家中的三维打印机终端获得该作品。这样做的弊端在于商业模式的颠覆破坏了公司的税基，因而对政府的税务系统是一项很大的挑战。

目前区块链距离大规模地深入经济应用还有一定的距离，比如在土地、不动产、汽车和主流金融资产等产权登记与变更方面。你身处成都，在京东下单并买了一台北京的音响，此时区块链内就会出现对应的电子记录，京东会一直紧盯着音响的快递过程，于是区块链内就出现了一系列交易记录，一台音响从交易、运输到付款的所有过程都被反映到了区块链上。如果商品有任何的损坏或者质量问题，那么区块链的协议成员都能够及时收到消息。所以，现在较多的学者认为区块链更适合处理不需要物流、能实时交割的互联网资产。如果要使区块链在土地、不动产、汽车和主流金融资产等方面展开运用，那么技术还需要有所突破并且相应的法律法规也亟待建立。

生产资料和生产关系的未来变革

生产资料是人们在生产过程中所使用的劳动资料和劳动对象的总称，是企业进行生产和扩大再生产的物质要素。[15]生产资料涵盖的范围广、品种多，因而它有各种各样的分类方法。

第 5 章 · 未来篇

生产关系是指人们在物质资料生产、交换、分配和消费过程中相互结成的社会关系。生产关系由生产力水平决定，同时又反作用于生产力，二者相辅相成，不可分割。当生产关系无法适应生产力发展时，生产关系将会成为生产力发展的阻碍，此时生产关系的变革才能带领生产力的发展迈上新的台阶。

生产关系的总和，构成社会的经济基础。斯大林把生产关系概括如下：（1）生产资料所有制形式；（2）由所有制决定的人们在生产中的地位以及他们的相互关系；（3）以上述两者为转移的产品分配形式。人类社会发展史上已经出现的生产关系，有原始公社生产关系、奴隶占有制生产关系、封建主义生产关系、资本主义生产关系和社会主义生产关系五种基本形式。[16]

公认的区块链的最大优点就是增强人与人之间的信任，企业的生产活动本质就是人与人之间的交互效应。通证经济使人们有了改变生产关系的可能性，因为它能够增强生产关系的通透性，生产者与生产者之间的生产资料的区别性和分工明晰性更加明显。

第 5 章 · 未来篇

第一，通证使生产资料真正地为个人所有。就像前文所提到的，目前人们可以有电子土地登记册，可以有跨国数字身份，未来人类的每件商品或者服务都可能被通证化，即每个人在商品或者服务提供过程中的贡献占比会被明确量化。这意味着什么呢？未来每件商品或者服务的增值价值都可能会被相对应的生产通证同时标记。由于存储技术的分散性，资产被细化、切分变得更易实现。每件商品和服务背后所连接着的一串串个人价值贡献是不能被统一的中心机构篡改的，所以每个人对商品的边际贡献价值也能被清晰地记录下来。

第二，生产成果归劳动者所有。《孟子》里有一句话"劳心者治人，劳力者治于人。"这反映的就是社会分工。在这个基层固化的世界里，一条明晰的分配规则横亘在基层员工与资本家之间，基层员工始终受到分配权的制约。在通证经济中则不一样，生产过程被代码化了，每个节点配置了单独的数字账户，每个行为都会以智能合约的方式被自动运行，这种点对点的交易模型意味着组织和个人之间的博弈高墙被推倒了，在分配上做到了去中介化，[17]分配权被公认的代码取代，再也没有主导机构直接说话。

第三，由于生产所得被明确划分，生产者的能力被充分激励。在通证经济体系下，人与人之间不再有森严的等级制，每个人都是平等的节点，大家比的就是自己在这个行业所积累的通证，而不是溜须拍马等小伎俩。这个生产关系的确立可以把工人的工作重心转移到生产好商品和提供好服务上，再渺小的个人也有自己奋斗的一片空间。

每一次商业革命都是生产关系的变革，变革的工具就是每一次技术的更新。实体经济的核心资产是以不动产为代表的有形资产，互联网经济的核心资产则是虚拟数据。也就是说，在互联网社会里，谁掌握了核心数据，谁就是赢家，且这些数据本身已经脱离了现实世界中的生产资料所有权规则，因而有了目前互联网巨头的垄断局面。

在互联网时代，通过服务器建立的中央数据收集处理系统是互联网的核心所在。在区块链时代，分布式存储瓦解了互联网的服务器布局，使数据或者说私有财产更加碎片化，这将直接决

定生产关系的变革程度。就目前而言,公司制依然是广泛存在的重要商业模式,但区块链时代的公司制将走向何方也是值得探索的。届时,企业管理者可以从通证经济中找到很多新的灵感。

宏观经济调控新型手段及供给侧改革

传统的宏观调控政策的主要目的在于信用扩张,让人们相信手中的钱变多了,进而去购买最新的产品和服务,刺激经济增长。但是,传统的经济政策存在各种各样的问题。

从货币政策来看,现代经济学对于货币政策的要求是"恰恰好",但是由于货币政策所参照变量的滞后性,"恰恰好"的要求

第 5 章 · 未 来 篇

又恰恰特别不容易达到。中央银行根据自己所设计的宏观模型来预测未来经济的状态，从而判断应该发行多少货币，用一个预测的数来设计未来的政策力度，这个方法本身也不准确。并且，使用这个方法需要满足完全信息化和市场资源充分配置的两个条件，但这两个条件也仅仅出现了在经济学教科书里。另外，中央银行也不能控制货币的最终流向，比如中国人民银行的多次降准政策实施后，大部分的钱最终都流向了房地产，而不是制造业。

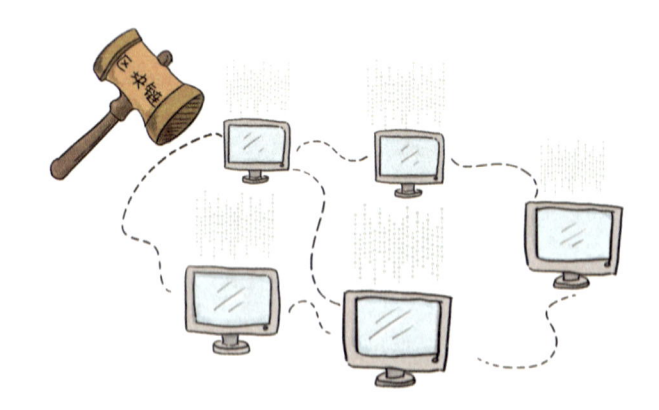

由此看来，如何把握货币政策实施的准时性，如何把控货币流动的方向，已成为当下制定货币政策所要面临的核心问题。我们的设想是未来在中央银行和各大商业银行之间建立一个通证系

统。在这个系统中，中央银行是大老板，其余银行都是打工仔，老板利用通证对员工实施奖励和惩罚，通证成为中央银行评价各个商业银行表现的一种工具。

如果一个商业银行能够很好地按照中央银行的政策放出一笔贷款，并且最终这笔钱确实对企业起到了积极的效果，那么中央银行就可以给予该商业银行相应的通证奖励。最初，所有商业银行持有的通证是等量的，但由于管理者能力的不同，通证分布逐渐差异化，最终产生一种优胜劣汰机制，促使整个银行系统高效运行。通证既是银行管理能力的一种评价指标，也是商业银行与中央银行之间沟通的信用体现。

对于财政政策，其中一个重要的手段就是政府直接出资找企业购买商品或服务。政府购买支出是社会总支出的水平调节器，

第 5 章 · 未来篇

它是决定国民收入多少的重要因素，且直接影响社会总需求。企业在拿到这笔钱后，是否严格按照政府所提出的要求生产或提供保质保量的产品和服务成了最为关键的一环。大量的事实（疫苗事件、"豆腐渣"工程等）告诉我们，这最为关键的一环并不可靠。由于信息不对称，企业隐瞒自己在生产过程中的违规行为，只有当其产品和服务的负面评价达到一定的极端值时，企业才会受到惩罚。

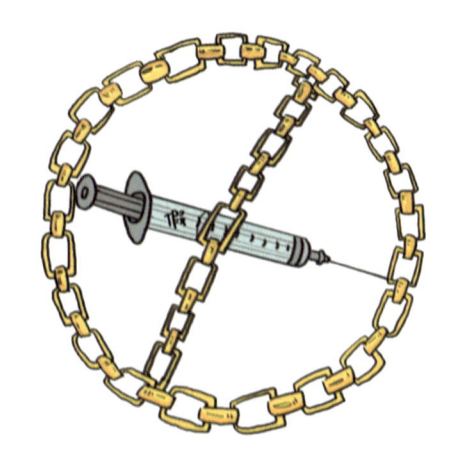

通证经济·

我们的构想是在每一笔政府公共支出之间形成一个通证系统，这个通证系统连接了企业和政府，并且它标记了交易双方的各类信息。将这个通证系统联网，民众可以随时查到某次公共支出所涉及的商品和服务，并且它能够随时反映资金的使用情况，政府和企业也能够随时接收这些反馈信息。对企业来说，它所提供的商品和服务随时都处于监督之下；对政府来说，它有了可以参照的历史依据，可以客观评价每一次财政政策使用的效果和范围。

在一个开放经济中，根据约瑟夫·斯蒂格利茨的说法，当一家欧洲公司要出口一个制造机械给美国时，出口商会得到一笔美

第 5 章 · 未来篇

元收款，但这笔收款可能会存在该欧洲公司的美国账户中，公司要收回这笔钱，必须经过一次汇兑。同样的道理，当一个欧洲的投资商想要投资美国的企业时，他必须先兑换美元才能进行投资。这种货币相互兑换的过程容易受到汇率波动的影响，从而间接影响宏观经济的稳定性。斯蒂格利茨提出一个"贸易单据（trade chits）"的概念，或者可以称之为通证。

美国每进口一次欧洲的货物，我们就用贸易单据对这笔交易做一个记录，并且把贸易单据存入相应的银行账户。对于所有的欧洲进出口商以及投资公司来说，它们享有一个可以自由交易贸易单据的平台，在这个平台中，贸易单据和欧元的兑换价是恒定的。同理，对于美国的进出口商以及投资公司来说，它们也拥有一个可以自由交易美欧贸易单据的平台。

贸易单据相比汇率的一个巨大优势是，它可以被政府控制，政府可以通过稳定贸易单据的交换率加强宏观经济的稳定性。而汇率容易受到资本流动的影响，特别是像美元这种存在"特里芬难题"的交易媒介。同时，贸易单据还可以控制贸易顺差和逆差的大小。假设美国政府想让进口额不超过出口额的20%，政府可以发行 1.2 个贸易单据给从欧洲出口到美国的产品（1 欧元），而每一次欧洲进口美国产品（1 欧元）则需要 1 个贸易单据，没有贸易单据便不能交易。

通证经济给生产关系与经济政策带来冲击，垂直化的管理体系可能将不复存在，扁平式的管理制度在通证经济中也许能够走得更远。国家的货币政策和财政政策可以被高效实施，因为政策施行的整个过程都能被分布式账本观察到。

附录

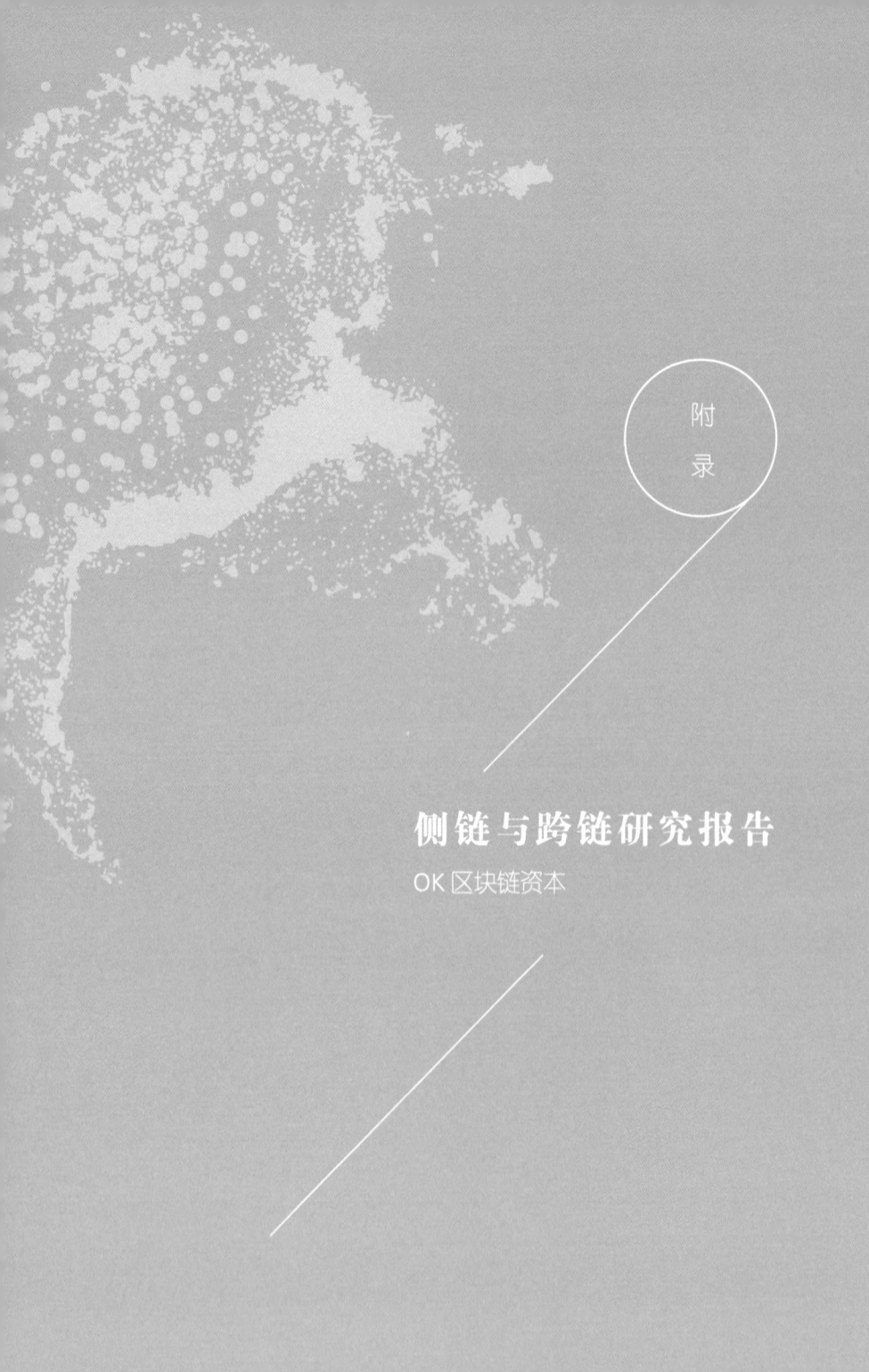

侧链与跨链研究报告
OK 区块链资本

前言

自 2008 年中本聪发布比特币白皮书以来,区块链行业的发展已将近 10 年,相比底层互联网技术和物联网、人工智能、云计算等技术,区块链的发展时间还非常短暂。

过去 10 年间,在以比特币为代表的 1.0 时期、以以太坊和联盟链为代表的 2.0 时期,区块链行业都取得了突破性的进展,尤其是从 2017 年上半年开始,基于以太坊创造的新型募资方式 ICO 的火爆表现,大大刺激了区块链行业泡沫的产生,也让更多资金和创业者进入这个行业,加速了区块链产业的革新发展。

2017 年 7 月—2018 年 6 月,新进入市场的区块链项目数量总和及总市值已经达到往年历史总和的 181.6%,区块链行业受到前所未有的关注。

通证经济

```
3 000                                        1 535      2 000
         26      336    544    564    871    2 462.09
2 000                                                   1 500
                                      1 091.93          1 000
1 000  11.48  83.78  42.85  125.33                       500
                                                           0
       2013年  2014年  2015年  2016年  2017年  2018年
       6月30日 6月30日 6月30日 6月30日 6月30日 6月30日
       ■ 历年项目总市值（亿美元）（左轴）  ● 历年项目数量（右轴）
```

当区块链行业进入快速发展的 3.0 时期时，究竟将会实现哪些新的突破？存在怎样的机会？这成为当前行业最关心的话题。关于区块链 3.0 概念的解读，目前已出现多种不同的版本，业内尚未形成统一的标准。

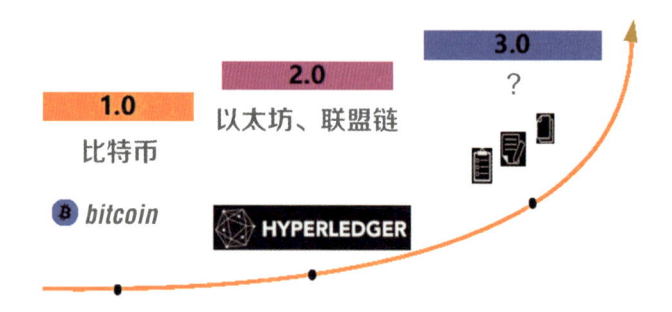

```
1.0        2.0           3.0
比特币    以太坊、联盟链    ？
bitcoin    HYPERLEDGER
```

本报告通过梳理区块链行业历史，研究分析其关键发展脉络，从驱动区块链行业的两个核心维度"技术"与"经济"出发，将"侧链及跨链技术"定义为区块链 3.0 的重要代表。

附 录 · 侧链与跨链研究报告

	比特币	以太坊、联盟链	侧链及跨链技术
技术→	可信分布式记账 ·功能：记录比特币交易 ·性能：TPS 峰值为 7	可信分布式记账 + 计算 ·功能：记录以太币交易+计算智能合约 ·性能：TPS 达到数千级	可信分布式记账及计算协同 ·功能：各个区块链之间能够有效通信并协同执行事务 ·性能：TPS 有望突破万级
经济→	单一货币资产 ·一种新的抗通货膨胀的货币资产	多元通证类资产 ·多种代表新型权力的通证类资产及新的生产关系	去中心化资产交易平台 ·大大减少资产交易摩擦，并构建更庞大的经济体系

区块链"技术"创新，主要围绕其系统功能上的拓展性和性能上的拓展性展开。1.0 时期，比特币系统作为可信的分布式账本，仅能够实现比特币转账交易等功能，TPS 为个位数；2.0 时期，以太坊加入"智能合约"，支持图灵完备脚本运行，开始能够支持各式各样的业务逻辑和商业应用，大大丰富了区块链系统的功能；联盟链及 DPoS 共识机制的公有链，则实现了更高的交易性能。3.0 时期，侧链及跨链技术在区块链功能和性能的拓展上都起到了非常关键的作用。

区块链"经济"创新，主要围绕数字资产、资产的交易摩擦，以及基于新的资产分配方式的生产关系革新几个方向。从

1.0 时期发展至 2.0 时期，区块链世界创建出大量的数字资产。如何大幅减少各资产间的交易摩擦，构建更大范围的价值网络和经济体系，这从根本上依赖跨链技术的发展。

比特币：国际货币缺锚时代里的自由竞争货币

站在历史角度，比特币被创造出来的时间点和 2008 年全球金融危机的爆发时间非常接近。金融危机揭示了全球金融系统的脆弱性，而比特币为质疑这个系统的人们提供了新的选择。

美国货币服务企业 Circle 创始人杰里米·阿莱尔曾在博客上描述 2008 年美国遭遇金融危机的那段时间："那是一个非常黑暗和不确定的时刻，仿佛天都快塌了。我们所有人在那一刻都觉得我们的钱可能会消失，我们不知道钱是否还在银行里。整个世界对银行和政府都失去了信任。"

事实上，1914 年第一次世界大战爆发后，各国为了筹集庞大的军费，纷纷发行不兑现的纸币，禁止黄金自由输出，金本位制随之告终。第二次世界大战后建立起来的以美元为中心的布雷

附 录 · 侧链与跨链研究报告

顿森林体系（即金汇兑本位制，美元与黄金挂钩，美国承担以官价兑换黄金的义务）也在 1976 年随着美元危机的爆发彻底终结。至此，全球货币体系已然失去黄金这一最后屏障，进入无锚滥发时期。

中本聪在比特币的创世区块中写下了 2009 年 1 月 3 日当天《泰晤士报》的头版新闻标题：英国财政大臣达林被迫考虑第二次出手纾解银行危机。这句话被中本聪的簇拥者解读为"他对传统银行这种中心化的金融机构发起了挑战"。

2013 年 4 月，欧盟打着反洗钱的幌子，通过对存款人增税的方式应对塞浦路斯的债务危机。塞浦路斯的储户人人自危，开始将"去中心化"的比特币作为避险资产进行大量采购储藏，比特币的单价在短短几天内就从 30 多美元飙涨至 265 美元。这次比特币的大幅上涨，一定程度上说明了比特币作为抗通货膨胀的自由竞争货币的基础价值。

比特币背后所代表的经济理念，在诺贝尔经济学奖得主弗里德里希·哈耶克的著作《货币的非国家化》中得到充分的印证。哈耶克提出的革命性建议正是允许私人发行货币并自由竞争，因

为这个竞争过程会让最好的货币出现。

比特币技术：基于分布式系统的融合技术解决方案

比特币区块链系统是在原有的分布式系统的基础上发展而来的，其要解决的核心问题与传统分布式系统相同，即如何在一个由众多不可信节点组成的、可能存在坏节点的网络中达成一致性正确。具体到比特币网络里，这个问题就是如何让众多分布式节点共同维护好一套账本，代替中心化机构履行记账职能。比特币区块链基于 PoW 共识算法设计了一套非常巧妙的融合技术解决方案，其中的关键机制包括 SHA256 和块链式数据结构。

SHA256 是哈希运算中的一种。哈希运算通常满足"无论输入多长的复杂数据。输出的哈希值都是固定的长度"和"从输出无法反推输入"两个基本特点。SHA256 则进一步实现"防碰撞"的安全特性，即很难找到两个输出结果相同的不同输入。SHA256 输出结果能够作为原输入数据的"指纹"，快速识别原输入数据是否被篡改。

附录 · 侧链与跨链研究报告

　　块链式数据结构是指将一段时间内的交易数据打包存储在一个区块（数据块）中，区块按照时间戳有序排列。比特币区块分为区块头和区块体，具体的交易信息逐笔记录在区块体中，所有交易数据生成的默克勒根哈希值以及区块高度、父哈希等信息记录在区块头中。记账节点将之前哪个区块头的哈希值作为父哈希记录下来，即选择连接在这个区块的后面。在这样的区块链条中，如若对之前某个区块数据进行改动，其区块头的哈希值将无法与下一个区块的父哈希值匹配。这意味着发动攻击、篡改一个历史区块，就必须重新从此区块开始往后创建新的链条。

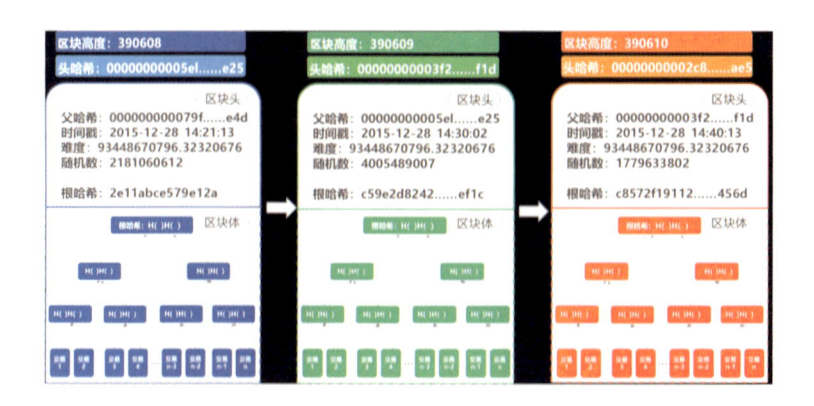

实现更充分可靠的共识和透明可信性

PoW 共识算法和最长链原则

PoW 核心是指进行了最多计算工作、最先完成计算任务的记账节点，有权创建新的区块并获得记账奖励（这些记账节点被形象地称为"矿工"），也就是一个区块的创建意味着一定算力的投入，最长链（即算力投入最大、最具权威性）成为全网唯一有效的链。如果想成功发起一次攻击，就需要掌握全网一半以上的算力，让新建的链条追赶上已有的链条成为最长链，也就是我们常说的 51% 算力攻击。

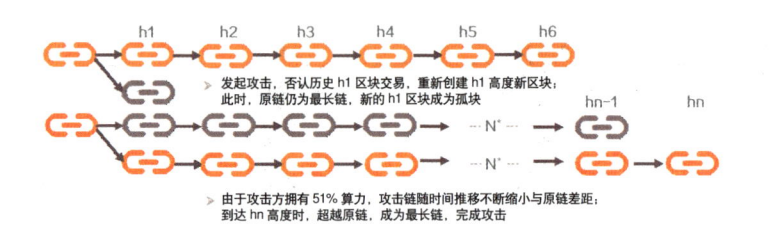

> 发起攻击，否认历史 h1 区块交易，重新创建 h1 高度新区块；此时，原链仍为最长链，新的 h1 区块成为孤块

> 由于攻击方拥有 51% 算力，攻击链随时间推移不断缩小与原链差距；到达 hn 高度时，超越原链，成为最长链，完成攻击

传统分布式网络依靠拜占庭容错算法来实现一致性，网络容错率约为 1/3，即作恶及失灵的坏节点数必须控制在总节点数的 1/3 以内，比特币网络将容错率提高到了 50%，能够支持分布式

附 录 · 侧链与跨链研究报告

网络容纳更分散、更多数量的节点，以实现更充分的共识。比特币网络通过为矿工记账的行为设置算力成本，并将比特币作为记账奖励，从而让矿工的收益与比特币网络的发展正相关。从经济合理的原则出发，拥有越多算力的矿工越有维护比特币网络安全的动力，以让自己获得的比特币奖励升值，而不是去发起攻击破坏它，这进一步提升了比特币网络的安全可靠性。

作为比特币交易账本，比特币区块链首先基于强大的共识机制，保障比特币交易能够被诚实地记录且不可篡改。另外，由于比特币客户端是开源软件，所以比特币的所有工作原理均向全球开发者公开展示。没有"阴暗的死角"，且任何人都能够随时下载比特币客户端加入比特币网络中，成为一个全节点，并保存下来一份完整的比特币账本。这就使比特币网络中的所有交易都能够透明可信。不可篡改、透明可信是区块链网络的核心特性。

比特币区块链系统的技术限制

比特币客户端作为一套开源软件，由开源社区对其进行维护升级，在其过往数次版本的升级中，大多围绕"性能上的扩展"和"功能上的扩展"进行。

性能上的限制：性能扩展即扩容问题，比特币每个区块有1M大小，最多能容纳约4 000笔交易，按照平均每10分钟新生成1个区块计算，比特币网络的TPS峰值为7，这与中心化系统的数十万TPS有非常大的差距。

限制比特币交易性能的两个重要因素分别是，比特币的区块仅有1M，以及平均每10分钟才能算出一个合格随机数创建新的区块。比特币社区漫长的扩容之争，主要针对区块大小的

m	输入：0 输出：25.0 → A
n	输入：m【0】 输出：20.0 → B, 5.0 → A　　由A签名
w	输入：n【0】 输出：12.0 → C, 8.0 → B　　由B签名
z	输入：m【1】, w【0】 输出：17.0 → D　　　　由A、C共同签名

附录 · 侧链与跨链研究报告

设计方案展开。10分钟的延迟主要是为了保障由全球各地的节点构建的分布式网络能够完成充分的通信，避免某个挖矿节点因没有及时收到其他节点已经成功创建区块的消息而继续浪费算力并生成冲突的区块，所以，大幅减少出块时间很难有效提升交易性能。

本质上，如果比特币网络想实现充分的去中心化，就必须在充足且分散的节点中达成一致，那么控制出块速度、降低交易性能就是其必要的妥协。

功能上的限制：比特币系统使用了一套基于堆栈的非常简单的脚本语言，不支持for循环[①]，无法访问全局数据，能执行的程序指令非常有限，而且还受到账户余额验证的限制。比特币脚本指令目前能够实现的功能主要与比特币的交易相关，多重签名已经算是其中一项复杂的功能了。而且，比特币社区极其看重比特币系统的安全稳定性，对待技术升级的态度非常保守，为了避免程序实现上的漏洞，一些复杂的操作码都已经被禁用。

---

① for循环，是编程语言中一种开界的循环语句。——编者注

以太坊，"图灵完备"的智能合约

以太坊的设计思想中很重要的一点就是要解决比特币区块链功能扩展性不足的问题，这个问题的核心是以太坊虚拟机，它可以执行任意复杂算法的编码，也就是计算机术语中的"图灵完备"。

如果说比特币系统提供了一系列预先设定好的操作（仅限于比特币交易），那么以太坊就允许开发者按照自己的意愿创建各种复杂的操作，具体是指开发各种智能合约，所以以太坊也被称为智能合约开发平台。

智能合约的本质是一个由计算机自动执行的程序，程序的执行规则相当于一份合约，规定了触发条件和执行结果。智能合约是 20 世纪 90 年代由尼克·萨博提出的理念，它的设计目标是最小限度地依赖第三方中介，减少恶意和意外的状况，减少欺诈损失，降低仲裁执法成本和交易成本。一直以来，由于缺少可信的执行环境，智能合约并没有被实际应用。以太坊首先看到了区块链和智能合约相结合的可能性。

附录 · 侧链与跨链研究报告

[高性能 / 去中心化 跷跷板示意图]

从技术角度来说，以太坊是由众多计算机网络的节点共同运行的一个开源的虚拟机（EVM）软件，由图灵完备的脚本语言编译成的智能合约程序可以在虚拟机中执行。对比比特币，我们可以理解为以太坊上智能合约的创建及执行的过程，如同比特币交易过程一样，被每个节点共同见证和记录。相比比特币矿工只需要进行简单的转账交易脚本的运算，以太坊的矿工则需要承担大量的智能合约的运算。

由于加入了图灵完备的智能合约功能，以太坊不仅能支持类似比特币数字货币的交易功能，而且可以支持一切能够以智能合约来表达的业务逻辑，比如登记、托管、抵押、投票等，并能够运用于各个行业。以太坊还创建了 ERC20 代币开发标准，帮助用户快捷地创建出一种新的通证，大大拓展了区块链系统的应用范围。

以太坊网络基本运行流程

与比特币相同，用户通过下载以太坊客户端生成一对公私钥，创建一个新的账户。

以太坊的账户分为交易账户和智能合约账户，开发者编写智能合约源码并将其编译成以太坊虚拟机可执行的代码，再通过以太坊客户端部署到以太坊网络上，就完成了一个智能合约的创建。

当我们要运行一个智能合约的时候，我们需要向该合约地址某个 API（应用程序编程接口）发起一个消息。

以太坊网络中的矿工会通过以太坊虚拟机在他们的计算机上运行智能合约，从技术上来说，每一次智能合约的调用就是对智能合约程序进行一次新的运算，输出新的智能合约"状态"。与比特币网络相同，矿工们有互相竞争、交易、打包、创建区块的权利，不同的是他们打包的"区块"数据不仅包括交易转账信息，而且有以太坊智能合约"状态"的更新。

与比特币网络相同，当一个区块被产出时，矿工会把这个区块公布到网络中，其他计算机会验证它们得到的结果，若结果相同，就添加该区块到它们自己的区块链上。

并且，和比特币一样，以太坊用户需要向网络支付一定的交易费用，不同的是，以太坊智能合约的交易费用取决于运算智能合约所消耗的矿工的算力和内存资源，这里的资源以"gas"[①]作为单位：

（1）交易费用（单位：以太币）= gas 数量（单位：gas）× gas 价格（单位：以太币 / gas）；

（2）智能合约越复杂（计算步骤的数量和类型、占用的内存等），完成运行就需要越多 gas。

联盟链及公有链 DPoS 共识机制

以太坊对比特币 PoW 共识算法进行了一定调整，比如压缩了每个区块的大小、缩短了出块的时间，同时对没有及时同步到

[①] gas 是以太坊里的一个特殊单位，用于衡量一个行为或一系列行为有多少工作量，可以简单地将其理解为交易手续费的一种计量单位。——编者注

信息挖出孤块的节点进行补偿奖励，但本质上仍然受到"去中心化"与"交易性能"平衡的限制，以太坊网络目前也仅能实现约15TPS。事实上，区块链系统交易性能的大幅提升率先在联盟链中得以实现。

区块链 ＋ 智能合约 ＝ 以太坊

以太坊智能合约开发平台的创建让更多商业机构意识到区块链技术的价值，开始进行区块链技术的探索。由于大部分传统企业级场景具有隐私性要求，比特币、以太坊等绝对公开透明的公有链无法满足其需求，因此联盟链应运而生。联盟链与公有链的本质区别在于，公有链可以允许任何人加入并成为一个节点，联盟链则需要授权许可。由少量经过授权许可的节点组成的联盟链能够在有信任基础的小范围内快速达成共识，从而大大提升交易性能。

超级账本作为迄今为止最出色的联盟链开发平台，它是非营利性联盟 Linux 基金会于 2015 年发起的开源项目。其首个产品级解决方案——超级账本 Fabric，能够实现上千级别的 TPS。

由比特股项目首创、经过 EOS 充分发展起来的 DPoS 共识机制，则进一步提高了节点准入门槛，当选节点依次排队记账，省去了节点竞争的环节，理论上能够实现上万级别的 TPS。

本质上，联盟链及公有链中的 DPoS 共识机制都是通过准入机制控制了记账节点的数量，牺牲了一定的去中心化，以实现性能上的扩展。在少量节点参与共识的区块链网络中，决定网络性能的将不再是节点达成一致所需的等待时间，而是单个节点的 GPU（图形处理器）运算能力及网络带宽。

通证经济创造出新的权益

以太坊智能合约开发平台及其创建的 ERC20 代币开发标准的出现，让任何人都可以基于以太坊创建一个分布式的应用，以及发行自定义的通证。以太坊通证与比特币的相同点是，其发行规则透明可信，并且能够在区块链网络中实现"交易即结算"的

高效流通；不同点是，比特币本身是一种新型的"数字货币资产"，通证则能够代表多种类型的资产及各种不同的权益。

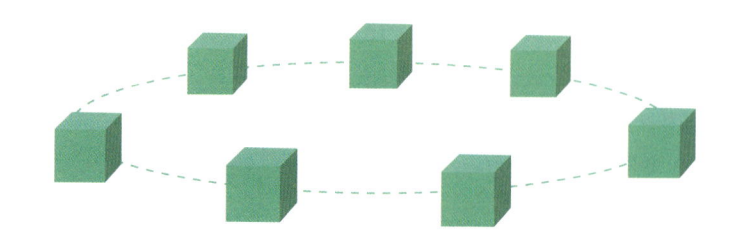

传统商业体系能够以积分、卡券等形式实现使用权证明，而通证化的价值主要在于增强此类权益的变现能力，从而对用户形成更有效的激励；对传统金融资产、实物资产进行映射得到通证，其价值主要在于提高资产的信用和流动性，尤其是推动资产证券化；更重要的是，其基于通证创造了诸多新的权益。

人类的商业文明发展和经济形态革新，本质上正是新的权益不断被发掘、建立并符号化的过程，通证经济则加速了这个过程的实现。

另外，通证经济的核心理念在于创建一种通证持有者与通证所在的商业体系共赢的关系，一切为体系建设做出贡献的行为都能够被度量价值并得到通证奖励，包括提供算力及存储等资源进

附录 · 侧链与跨链研究报告

行网络维护，软件的开发升级以及创造智力成果或优质内容吸引新的用户，提供监督审计服务，等等。这一核心理念有助于在生产资料的供给、劳动协作、成果分配等方面形成更加公平高效的机制，构建更加先进的生产关系。

复杂多样的商业应用涌现

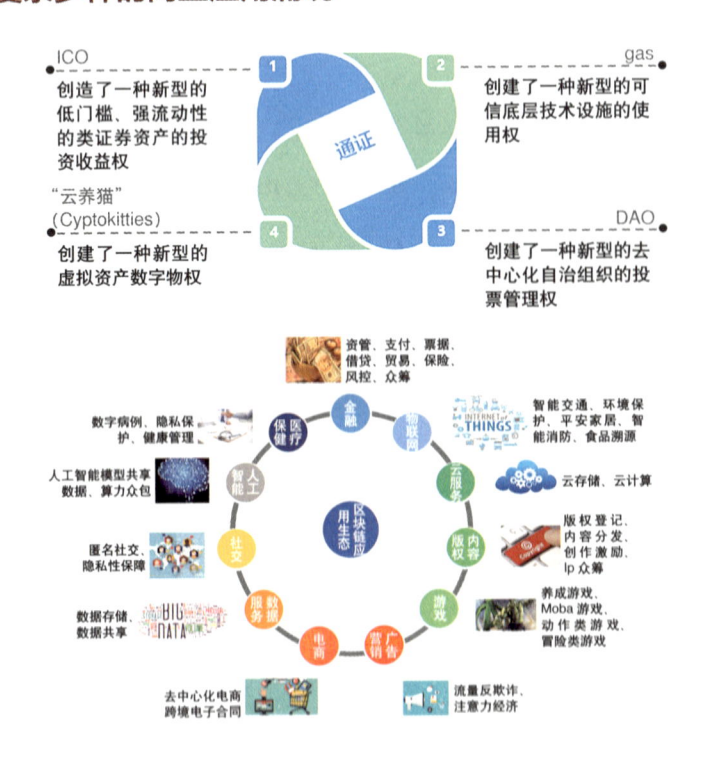

ICO 创造了一种新型的低门槛、强流动性的类证券资产的投资收益权

gas 创建了一种新型的可信底层技术设施的使用权

"云养猫"（Cyptokitties） 创建了一种新型的虚拟资产数字物权

DAO 创建了一种新型的去中心化自治组织的投票管理权

通证

区块链应用生态：
- 金融：资管、支付、票据、借贷、贸易、保险、风控、众筹
- 物联网：智能交通、环境保护、平安家居、智能消防、食品溯源
- 云服务：云存储、云计算
- 版权内容：版权登记、内容分发、创作激励、Ip众筹
- 游戏：养成游戏、Moba游戏、动作类游戏、冒险类游戏
- 营销广告：流量反欺诈、注意力经济
- 电商：去中心化电商、跨境电子合同
- 数据服务：数据存储、数据共享
- 社交：匿名社交、隐私性保障
- 人工智能：人工智能模型共享、数据、算力众包
- 医疗保健：数字病例、隐私保护、健康管理

207

随着以太坊智能合约开发平台的发展及各种高性能公有链的出现，继金融领域后，越来越多垂直行业应用及公有链涌现出来。2018 年 6 月底的数据显示，全球市值排名前 200 的各垂直领域中，物联网及云服务市值规模最大，不过仅有数十亿美元。

侧链及跨链技术的必要性

随着区块链技术和经济的不断发展，各行各业对侧链及跨链解决方案提出了明显诉求，具体可以表现在如下几个方面。

（1）区块链技术：性能上的扩展性

区块链系统从基于 PoW 的比特币、以太坊网络发展到基于 PBFT 及 DPoS 共识算法的联盟链及公有链网络，虽然实现了 TPS 从个位数向万级别的巨大提升，但以牺牲了一定的"去中心化"为代价，并不符合区块链系统的核心理念。

闪电网络等"侧链"方案以及建立多个子链分片共识的类"跨链"方案的提出，为区块链系统性能上的扩展带来新的思路，有望在更好地保持去中心化理念的基础上大幅提升区块链交易性能。

（2）区块链技术：功能上的扩展性

伴随着智能合约开发平台的逐渐丰富与完善，大量纷繁复杂的垂直公有链及商业应用涌现，并形成众多独立的基础设施及业务体系，比如去中心化存储、去中心化身份认证、去中心化云计算、去中心化资产管理、去中心化电商等，但当前的区块链都是一个个封闭独立的业务体系。

参照互联网各业务体系的合作，比如整合各种企业级服务的办公平台钉钉，通过微信开放接口以微信账号一键登录多个第三方应用，从一个网页或者App（应用程序）界面跳转至另一个网页或者App界面，这些功能在当前的区块链商业体系中都无法实现，这大大限制了区块链业务体系发展的可能性。如果跨链方案能够实现，那么一个去中心化资管区块链就能够调用一个去中心化身份认证区块链的智能合约，从而采集借贷人征信数据，这些将大大扩展区块链能够支持的业务场景。

（3）区块链经济：提高流动性

基于跨链技术搭建去中心化交易所，能够进一步减少资产交易摩擦，提高流动性，成为中心化交易所的有效补充手段。

侧链及跨链技术的概念

侧链的概念是相对于主链而言的。当主链的性能出现瓶颈或者某些功能无法扩展的时候，资产就可以被转移到侧链上，相关交易只需要在侧链上执行，从而达到分担主链压力、扩展主链性能和功能的目的。

早期侧链技术方案主要是针对比特币提出的，比特币因其技术架构而天生扩展性不足。交易延时长、吞吐量低、不支持图灵完备的智能合约，都是比特币内在的设计缺陷。这些设计缺陷必须通过重构比特币基础框架和算法才能解决。

比特币作为市值最大、流通性最高、认可度最广的数字货币，修改其基础架构可能会引发巨大的风险。比特币核心开发者在技术升级的态度上也比较保守，这决定了比特币很难通过技术升级提高自身的可扩展性。

侧链技术的基本想法是另启动一条侧链，将比特币资产转移

附 录 · 侧链与跨链研究报告

图表内容：
- 纵轴：市值规模（亿美元），刻度 0–50
- 图例：数量增加
- 横轴：2011—2018（年）
- 气泡标签：内容版权、游戏、广告营销、云服务、电子商务、物联网、数据服务、社交、人工智能、医疗保健

到侧链上，也可以反过来将侧链上的资产转移回比特币。我们将比特币在主链和侧链上的资产双向转移的过程称为资产的双向锚定。

侧链上的资产有比特币的信用背书，在价值上等同于比特币。同时，侧链的设计架构不受比特币网络的限制，开发者可以通过各种各样的区块链技术构建侧链，并应用于各种应用场景。所以，侧链技术间接地扩展了比特币的性能和功能。

相比侧链，跨链是一个更为广泛的概念。跨链泛指两个或者多个不同链上的资产和状态，通过一个可信机制互相转移、互相传递、互相交换。侧链通过双向锚定实现了与主链之间的价值转移，侧链的目的是扩展主链的功能和性能。从这个意义上来说，侧链是跨链技术的一个特例。在跨链的场景中，链与链之间的关系不仅仅是主 – 侧的关系，也可以是对等的关系。链上资产不仅可以双向锚定,而且可以通过可变汇率互相兑换,甚至也可以是智能合约状态的交互。

跨链的出现是区块链技术演进的必然结果。区块链项目在百花齐放的同时,也带来了不同链业务体系和资产价值孤岛的问题,需要一种新的机制来打通和连接各个孤岛,侧链及跨链技术应运而生。

下面是两个跨链技术的典型应用场景。

(1)水平扩容

分片是将一个区块链拆分成多个子链,每一个子链有独立的账本和共识机制。网络上的交易将被分配到子链中执行,因此,交易可以在多个子链上并行处理,随着子链的增多,区块链处理越来越多的交易将成为可能。这种技术就是水平扩容。

水平扩容技术可以打破垂直扩容的限制,但是也引入了一个新的难题:如何处理子链间的交易?分片技术的实施必然需要跨链技术的支持。

(2)去中心化交易所

去中心化交易所能够为用户提供更好的安全保障。当前的去中心化交易只能提供同一个公有链上的资产交易服务。例如，EtherDelta（以德交易平台）只能提供基于以太坊的以太币与 ERC20 代币互换。跨链技术可以帮助去中心化交易所打破这个限制，支持任意两个公有链上资产的交易。

侧链与跨链的核心技术难点

	公证人机制	区块头 Oracle+SPV
原理	通过外部公证人（联盟）验证跨链消息的可靠性，公证人验证通过后必须对跨链消息签名	将公证人（联盟）提供的外部区块链系统的区块头数据保存在自己的网络中，根据 SPV 机制能够验证交易
优势	简单灵活，适用范围广，甚至适用于银行账本与区块链系统之间的交易验证	公证人并不直接验证交易，作弊的成本相对较高
劣势	• 公证人是中心化的信任机制； • 每一笔跨链交易都需要公证人验证	• 需要额外的存储空间记录其他链的区块头数据； • 不适用于银行账本与区块链之间的跨链交易
案例	瑞波（Ripple）	比特币中继（BTC Relay）

虽然所应用的侧重点不同,但侧链与跨链的技术是天然相通的,它们都需要解决链与链之间的通信协议、数据交互、资产转移等问题。侧链的技术可以应用于跨链项目,侧链项目也会借鉴跨链的成熟技术。

当前侧链与跨链解决方案的技术难点主要集中在以下四个方面。

(1)跨链交易验证问题

如何在链与链之间建立一个信任机制并验证跨链之间的交易数据?

解决方案:公证人机制;区块头 Oracle(预言机)+SPV(简易支付验证)。

(2)跨链事务管理问题

跨链交易包含多个子交易,这些子交易构成了一个事务。跨链的事务管理又分为两个子问题。

①如何确定子交易是否被最终确认并永不回滚?

解决方案:等待足够多确认;区块纠缠;DPoS/xBFT[①]。

[①] xBFT 指 BFT(拜占庭容错)算法的不同种类,包括 dBFT(授权 BFT)、VBFT(基于可验证随机函数的 BFT)等。——编者注

②如何保证交易的原子性？所有子交易要么都成功，要么都失败。

解决方案为哈希时间锁。

（3）锁定资产管理问题

当资产跨链转移时，如何管理锁定资产？

解决方案：单一托管人；联盟托管人；智能合约托管。

（4）多链协议适配问题

当两个以下链之间实现两两跨链协议时，如何简化跨链协议的适配？

解决方案为中继链。

跨链交易验证问题

实现链与链之间的互联互通，首先要设计区块链系统之间的信任机制，使一个区块链可以接收并且验证另一个区块链上的交易。比如，比特币网络上的一笔交易被确认之后，交易内容被发送到以太坊的智能合约里，以太坊必须正确验证此交易已经被写入比特币区块，然后才能执行后续智能合约的代码。

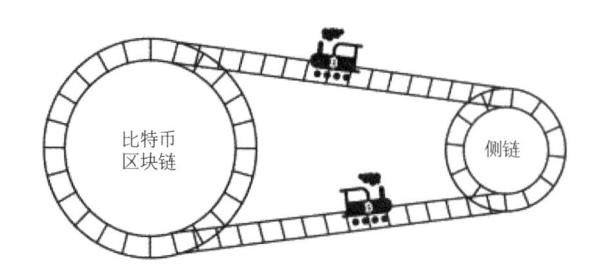

跨链交易验证的本质是一个 Oracle 问题。对一个区块链系统来说，跨链的消息来自系统外部，自身无法直接验证其正确性，必须要额外设计一套 Oracle 机制来辅助验证跨链交易是否真实。

跨链事务管理

一个完整的跨链交易可以拆分成若干个子交易，每个子交易在各自所属的区块链系统中被处理。这些子交易作为一个整体需要事务管理，保证事务的一致性、原子性。

举个例子，A 有一个比特币，以 1∶50 的兑换率交换 B 的

50 个莱特币。A 和 B 之间互相转账的过程包含以下两笔交易。

（1）在比特币的网络中，A 获得 B 的账户地址，向 B 的地址转出 1 个比特币。

（2）在莱特币的网络中，B 获得 A 的账户地址，向 A 的地址转出 50 个莱特币。

这两笔转账交易分别发生在不同的区块链系统中，彼此是互相独立的原子操作。同时，它们又是同一个跨链交易的组成部分，构成了一个完整的事务，事务的管理需要保证两笔交易的一致性和原子性。

设计跨链的事务管理机制还需要考虑两个子问题。

（1）交易的最终确定性

一个交易被确认之后依然有可能回滚，如何保证交易的最终确

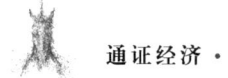

定性？

（2）交易的去中心化原子性

如果一笔交易获得成功而且满足最终确定性，那么如何保证后续的子交易也一定能成功？如果其他子交易执行失败，那么如何撤回已经转出的资金？

交易的最终确定性

在 PoW 共识算法的区块链系统中，只要有足够大的算力，理论上每一笔交易都可以被撤销，只是被确认的区块越多，被撤销的可能性就越小。

在跨链交易中，必须确定前一个交易已经被最终确认，才能处理后续的子交易，否则会有回滚的可能。常见的方案如下。

（1）等待足够的确认数

最简单的办法就是等待足够多的确认，直到回滚交易的可能性达到预定的阈值之后，再执行其他子交易。显而易见，这种方案的劣势就是事务处理的时间会变长。

（2）区块纠缠

区块纠缠，即令两个链之间的区块有依赖关系。如果一个链上的某个区块被撤销，那么其他链上的相关区块也会被自动撤销。

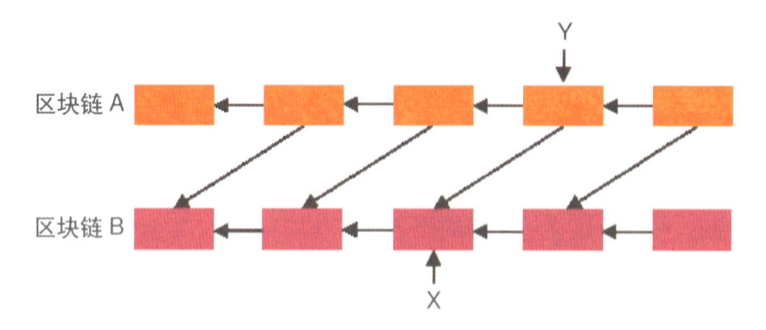

如上图所示，区块链 A 的每一个区块引用两个父块，一个在区块链 A 中，另一个在区块链 B 中。这样 A 中的区块对于 B 中的区块有依赖关系。如果子交易 x 所在的区块被回滚，那么后面的子交易 y 也必须被回滚。

（3）使用 DPoS/xBFT 等共识算法

相比 PoW 共识算法，DPoS/xBFT 等共识算法更容易达成最终确定性。比如 EOS 可以在三秒内达到 100% 的最终确定性。使用这类共识算法的区块链系统能更高效地实现侧链及跨链交易。

交易的去中心化原子性：哈希时间锁

传统的事务管理协议，如 2PC（二阶段提交协议）、3PC（三阶段提交协议），都依赖一个中心化的事务管理者协调各个子任务的执行状态，以保证原子性，但这需要第三方可信的中心，不符合去中心化的设计理念。

基于哈希时间锁的原子交换协议是一种去中心化的事务管理机制，可以保证多笔交易的原子性。

依然用 A 的比特币兑换 B 的莱特币的例子，具体应用流程如下。

（1）A 创建了一个随机密码 r，并且算出该密码的哈希值 Hash(r)。A 将这个哈希值 Hash(r) 发给 B。

（2）B 锁定莱特币资产，解锁条件：A 必须在 H 小时内出示哈希值为 Hash(r) 的随机密码，否则超时后返还给 B。

（3）A 锁定比特币资产，解锁条件：B 必须在 2H 小时内出示哈希值为 Hash(r) 的随机密码，否则超时后返还给 A。

（4）A 在 H 小时内出示有效随机密码 r，成功将 B 的莱特币转移到自己的账户。伴随此交易成功执行，随机密码 r 被记录在了莱

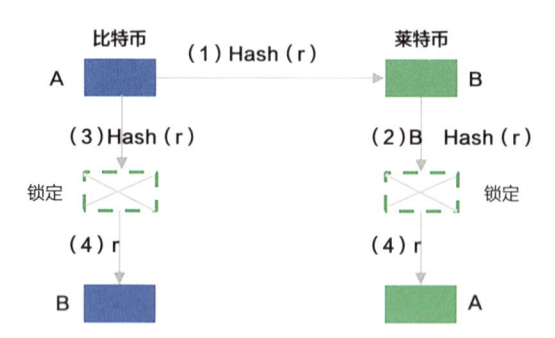

特币区块链上。

（5）B 得到随机密码 r，至少有 H 小时的充裕时间可以解锁 A 的比特币资产。

双向锚定与锁定资产管理

双向锚定是主链与侧链上的资产按照 1 ∶ 1 的兑换比例双向转移的过程。比如，比特币可以转移成比特币侧链 RSK 上的等量的超级比特币，反之 RSK 上的超级比特币也可以转移成比特币。

因为比特币不能被销毁，所以实际上，当用户把比特币转移成超级比特币的时候，比特币资产不是被销毁了，而是被转移到一个锁定地址上，同时在 RSK 上释放等量的超级比特币。反之，当超级比特币需要转移回比特币时，就可以把超级比特币发送到 RSK 上的锁定地址，同时在比特币的锁定地址上释放等量的比特币。

在双向锚定的设计方案中的关键难题：锁定账户由谁来管理、执行锁定和解锁等操作？如何保证锁定资产被安全释放，不会造成双花？

锁定资产的管理有三种模式。

（1）单一托管人模式

由一个可信的单一托管人负责管理锁定的资产，执行并监管锁定资产的解锁操作。具体的流程可以由托管人手动执行，也可以通过软件协议自动执行。

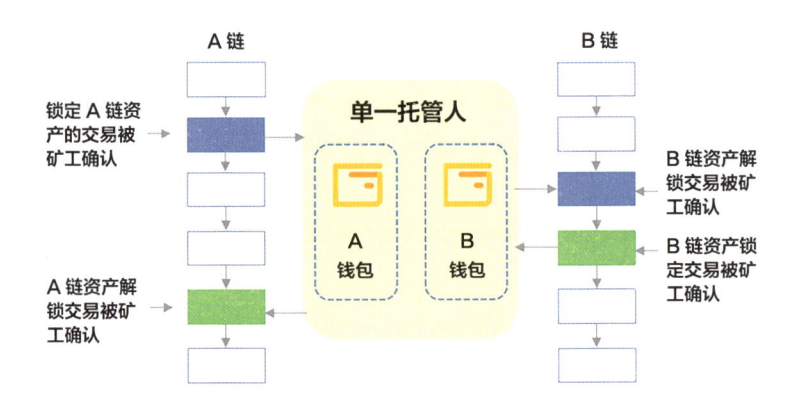

（2）联盟托管模式

单一托管人模式虽然简单易行，但是过于依赖中心化的托管人。

更加去中心化的实现方式是联盟托管模式。它类似议会，总共有 N 个公证人，其中每一个公证人都有一份投票权。当接收到跨链的解锁请求时，每一个公证人独立地验证交易并投票。当投票数达到 M 时，就能处置锁定的资产。这种验票、验证操作可以是手动执行，也可以是自动执行。

联盟公证人管理比单一托管人管理更加合理，但是联盟中的多个公证人依然可能互相串通，获得足够的控制权攻击锁定资产。为了保证资产安全，联盟需要严格筛选公证人，尽量让

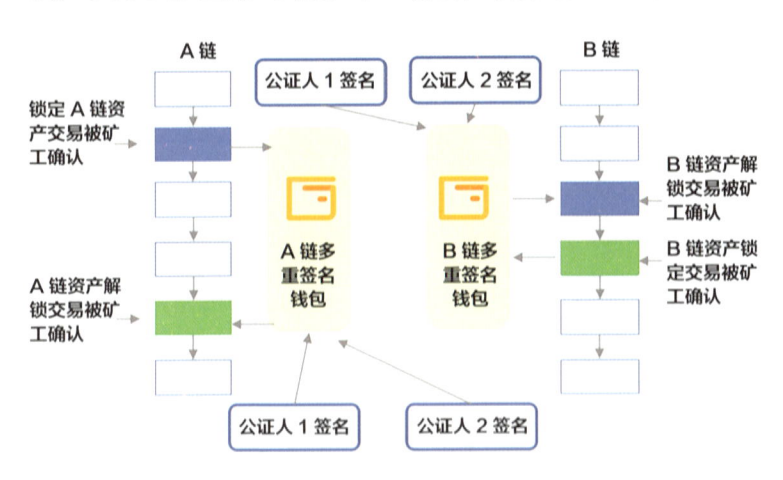

这些公证人分布在不同的司法管辖范围和商业机构，且拥有良好的声誉。

（3）智能合约模式

为了实现进一步去中心化，锁定资产也可以由智能合约进行管理。实施这个方案的前提条件是该区块链系统能够支持智能合约，并且能够存储外部区块链的区块头，以及验证外部交易数据。

如上图，A 链和 B 链分别有一个锁定地址，这两个锁定账户中的资产分别由锚定智能合约进行管理，而且这个智能合约存储了对方区块链的区块头，能够验证对方链上的交易。假设一个用户要把 A 链上的资产转移到 B 链上，具体步骤如下。

① 用户在 A 链上把资产转移到特定的锁定地址中，并且把自己在 B 链上的地址附加在交易中。

② 交易被矿工确认后，向 B 链的锚定智能合约发送 SPV 验证。

③ B 链的锚定智能合约验证交易，并且提取用户在 B 链的地址。

④ 如果交易验证成功且满足最终确定性要求，那么 B 链

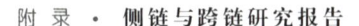

的锚定智能合约就会从锁定地址中转账对等的资产到用户的地址。

多链协议适配

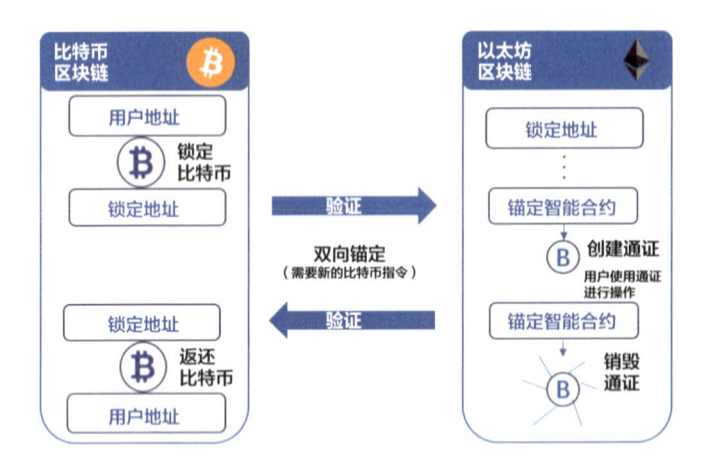

以上讨论的问题都是一对一的侧链与跨链问题。当更多的区块链系统需要跨链交互时，就会出现多链协议适配问题。下图一共有 N 个链，每两个区块链之间需要一个跨链协议，所以需要设计 C（N，2）个跨链协议，每一个跨链协议要适配两个区块链系统。当 N 变得很大的时候，协议适配的工作量也会变得非常大。

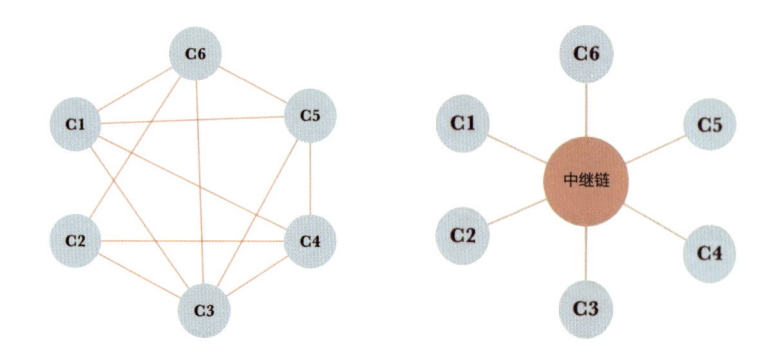

解决这个问题的办法是，添加一个特殊的区块链作为中继链，它是一个枢纽，它与其他区块链系统交互并居中转发其他区块链之间的跨链交易。采用这种架构，只需要设计 N 对跨链协议即可，而且每一个新加的区块链只需要适配中继链的跨链协议接口，从而大大降低了协议适配的复杂度。

闪电网络

闪电网络是在 2016 年 1 月发表的白皮书《比特币闪电网络：可扩展的链下即时支付》中首次提出的新型比特币支付解决方案，作者是比特币核心钱包开发组的重要成员约瑟夫·蓬和撒迪厄斯·德里亚。闪电网络在 2017 年 12 月发布了 1.0 最终测试版本，比特币主网成功对其进行了测试。

随着比特币的普及率越来越高，其自身的可扩展问题也越来越严重，具体表现如下：

（1）吞吐量低：平均每秒三笔交易；

（2）时延长：每 10 分钟出 1 个块；

（3）最终确定慢：等 6 个确认才能视为最终确定；

（4）存储量大：50 多万个区块，约 160GB[①] 数据，而且不断增长。

这些问题的根本原因在于每一笔交易都要广播给所有节点，所有记账节点必须限期地存储交易、验证交易、传递交易、打包并计入账本，这些都导致了资源的严重浪费。

闪电网络的思路是在比特币之上建立一个结算层，大量的微支付交易可以在结算层处理，没必要在比特币网络上处理。这样就可以减少比特币网络的压力，节约资源，变相地扩展比特币的

---

① 1GB=2^{30}B。——编者注

处理能力，同时还能更好地保护隐私。

闪电网络底层的关键技术有三个：时间锁与哈希锁；RSMC（序列到期可撤销合约）拓展了单向支付通道技术，实现了双向支付状态通道；当一个交易包含多个子交易时，使用 HTLC（哈希时间锁定合约）可以保证交易的原子性。

托管合约与解锁条件

一般来说，被托管合约管理的资产会一直处于锁定状态，只有两种方式才能将其中的资产解锁：一是在规定时间内，合约被正确执行；二是合约逾期未执行，资产被原所有者赎回。

哈希锁技术被用于约定谁拥有资产执行权，而时间锁技术被用于约定赎回的时间期限。这两种技术往往在托管合约中搭配使用。

时间锁

比特币定义时间锁的方式有两种。

（1）交易里的 nTimeLock 字段

这个字段用以限制一笔交易在某个时间段内不能被打包，矿工只能把它放入内存池中，直到指定的时间才能将此交易写入区块。

（2）交易输出解锁脚本中的操作码 OP_CHECKLOCKTIME-VERIFY

这个操作码用以限制一个 UTXO 在某个时间段内不能被花费，在此期间，所有花费此 UTXO 的交易自能临时保存在内存池中。

从上面的定义可以看出，它们的差异是作用的对象不同，一个作用在交易上，另一个作用在 UTXO 上。

哈希锁

资产的执行权用一个大的随机数 r 来代表，先提前计算好它的哈希值 Hash(r)，然后在托管合约中规定：申请解锁资产的人必须出示一个能匹配哈希值 Hash(r) 的随机数才能有执行合约的权利。在比特币中，操作符 OP_HASH256 用于匹配随机数和哈希值。因为这个解锁条件是通过哈希值来定义的，所以被称

为哈希锁。

RSMC：序列到期可撤销合约

RSMC 技术的作用：实现了双向支付通道，通过可撤销的资产分配合约表达双方的支付协议，而且此协议可以一直由双方本地保存，不需要上链也能保证可信性。大量的支付请求可以在链下处理，直到双方决定最终清算的时候才需要在链上执行。

如下页图所示，假设 A 和 B 同意建立一个双向支付通道，并共同出资存入一个托管账户。在以后的一段时间内，根据双方的交易情况，双方通过协商分配这笔资金，直到最终清算这笔托管资产。其原理如下。

（1）双方抵押的资产存入一个多重签名的托管账户，必须同时有 A 和 B 的签名才能花费其中的资产。

（2）双方就如何分配资产达成分配合约。每一次分配合约都由 A 和 B 各执一份，每一份都有对方的签名。比如，A 手中的分配合约有 B 的签名，如果 A 想按照这份合约清算托管资产，

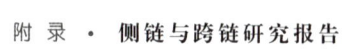

那么就可以随时添加自己的签名处置托管账户。

（3）每一次达成新的分配合约，旧的分配合约就会失效。失效的关键在于分配合约中隐含的赎回合约带有时间锁，在规定的时间内，清算发起人的赎回合约处于冻结状态。例如，A 按照分配合约 1 处置了托管账户中的资产，B 通过监控托管账户及时发现 A 违背了分配合约 2 的约定，那么 B 可以在 A 的赎回合约 1 生效之前抢先处置资产。这样的违约惩罚机制，可以防止作废旧合约。

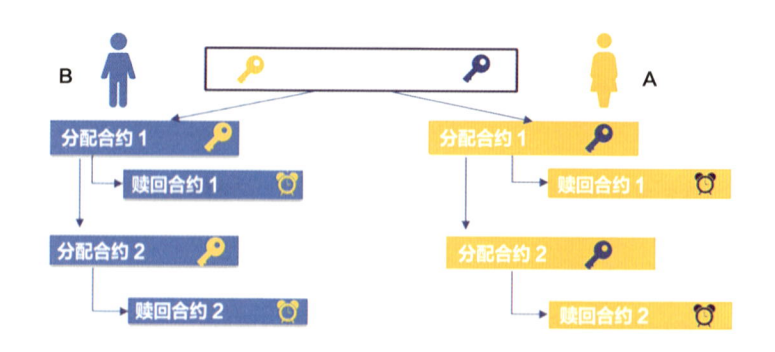

HTLC：哈希时间锁定合约

多个支付通道首尾相连可以组成一个支付通路，位于两端的双方即使没有直接相连的支付通道，也可以完成支付交易。HTLC 技术就是协调多个支付通道并最终达成一致交易的协议。

假如 A 要支付 1 个比特币给 C，且他们之间没有直接相连的支付通道，但是 A 和 B 之间有一个状态通道，B 和 C 之间也有一个状态通道。

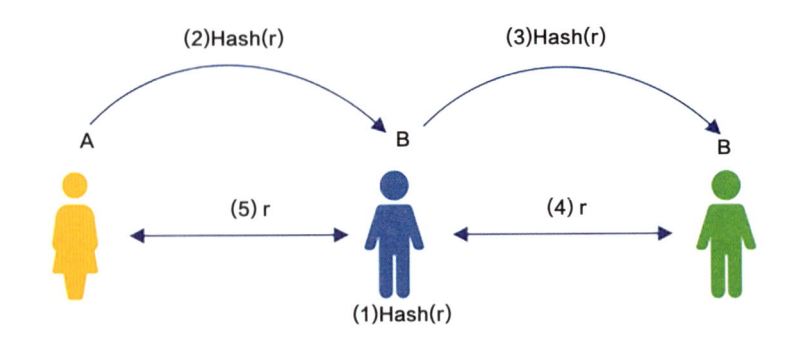

（1）A 通知 C 要向他发起支付，C 生成一个随机密钥 r，然后把其哈希值 Hash(r) 发给 A。

（2）A 首先和 B 建立合约：如果 B 能出示一个匹配 Hash(r) 的随机密钥，那么 A 向 B 支付 1 个比特币。

（3）B 得到 Hash(r) 后，也和 C 建立合约：如果 C 能出示匹配 Hash(r) 的随机密钥，那么 B 向 C 支付 1 个比特币。

（4）C 向 B 出示随机密钥 r，获得 1 个比特币。

（5）B 获得随机密钥 r 后，向 A 出示随机密钥 r，从 A 那里获得 1 个比特币，最终完成支付交易。

在巧妙地运用哈希时间锁技术的前提下，闪电网络建立了链下支付通道的结算方式，然后再聚合支付通道形成一个网络。只要双方能够在这个网络中找到一条联通的路径，就可以通过一系列链下协议完成微支付交易，从而大大扩展了比特币的性能。

侧链案例：比特币中继

区块链公司 ConsenSys 推出的比特币中继被认为是第一个侧链项目。比特币中继是以太坊的一个智能合约，其核心功能是能够验证比特币上的交易。

中继方：比特币 Oracle

我在前文提到，跨链的交易验证在本质上是一个跨链 Oracle 问题。比特币中继为了能够验证比特币的交易，由中继方扮演

Oracle 的角色不断向智能合约提交比特币的区块头数据。因为区块头里包含该区块里所有交易的默克勒树的根哈希值，比特币中继可以依据 SPV 机制验证比特币交易。

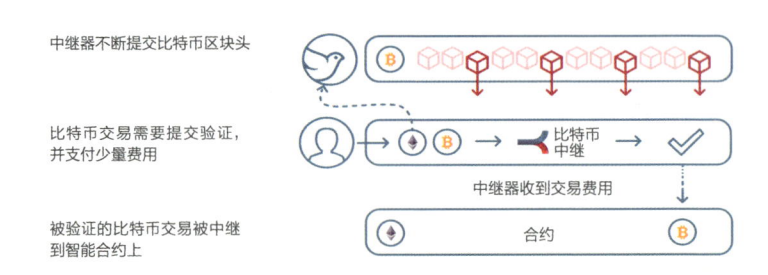

中继器不断提交比特币区块头

比特币交易需要提交验证，并支付少量费用

被验证的比特币交易被中继到智能合约上

中继器收到交易费用

合约

比特币中继的功能依赖中继方提交正确的比特币区块头数据。所以比特币中继设计了一个激励机制，奖励那些及时提交正确区块头数据的中继方，并鼓励社区中更多的人成为中继方，一方面能够保证与比特币网络及时同步，另一方面通过彼此竞争保证区块头数据的正确性。

跨链交易验证流程

比特币中继的智能合约有了比特币的区块头数据之后，就转

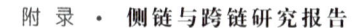

变为比特币的 SPV 轻客户端，可以验证所有来自比特币的交易。

验证的结果是判断这笔交易是否被写入某一个比特币区块，以及得到了多少的确认数。交易验证的流程如下。

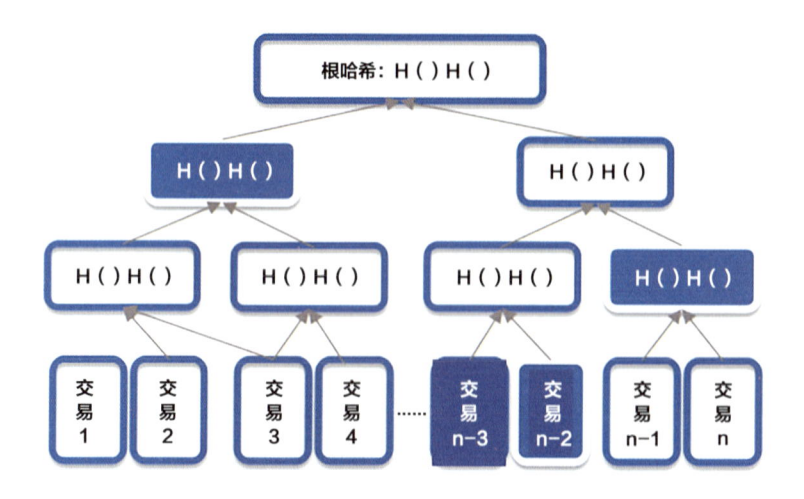

（1）用户首先为待验证交易构造 SPV 证明。证明如下。

① 交易数据本身及其所属的区块高度。② 根据待验证支付交易对应的默克勒树认证路径，获取重新计算默克勒树的根哈希值所需的哈希值。

（2）用户把 SPV 证明发送给比特币中继的智能合约。

（3）比特币中继根据 SPV 证明重新计算默克勒树的根哈希

值，将计算结果与本地区块头中的默克勒树的根哈希值进行比较。

（4）如果结果一致，就说明交易真实有效。根据区块头所处的位置，计算该交易已经得到的确认数。

根链——双向锚定的比特币侧链

根链诞生于 2015 年，它建立在比特币的智能合约平台上，

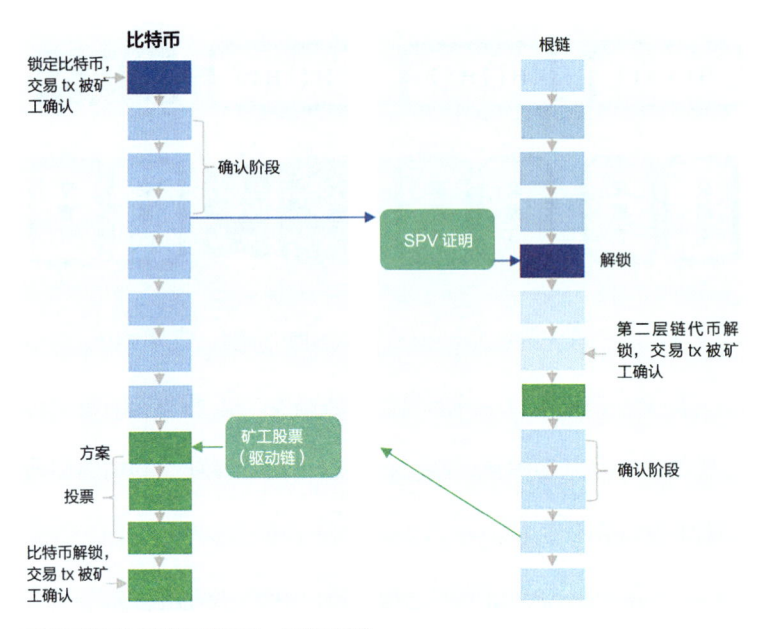

并通过创建一条支持智能合约的侧链和运用双向锚定技术,把比特币与侧链上的超级比特币等比兑换,在保证安全性的同时扩展了比特币的功能。

根链的核心特点如下:

(1)图灵完备的虚拟机(智能合约);

(2)比特币与根链上的超级比特币双向锚定;

(3)动态联合挖矿/联邦的共识协议;

(4)高吞吐量(300TPS)、低延迟(出块时间为平均10秒一个)、低交易费。

比特币网络与根链有巨大差异,根链本身也为侧链,支持图灵完备的智能合约,也可以验证比特币的交易,但是主链比特币没有对等的功能,所以根链的双向锚定技术是不对称的。从比特币转成超级比特币的转账机制,与从超级比特币转成比特币的转账机制是不一样的。

下图对比了比特币/超级比特币在进行双向资产转移时,所采用的跨链技术。

比特币转超级比特币		超级比特币转比特币
跨链交易验证	区块头 Oracle+SPV	公证人机制
交易最终确定性和原子性	等待多个交易确认	等待多个交易确认
锁定资定管理	通过侧链智能合约自动解锁超级比特币	矿工 + 公证人投票解锁比特币

侧链案例：LISK——基于 JavaScript[①] 的可扩展公有链

LISK 成立于 2016 年，是一种基于 JavaScript 的高度可扩展公有链。LISK 平台可以使数百万开发者创建自己定制的区块链，特别是创建围绕着客户的应用程序，包括游戏、社交网络和物联网。

LISK 的关键特点如下：

（1）对 JavaScript 开发者社区友好；

（2）使用 DPoS 共识算法，共有 101 个出块节点；

（3）可以部署任意多条侧链，侧链与主链上的资产双向锚定。

从侧链与跨链的技术角度来看，LISK 的创新性如下：

（1）采用了 DPoS 共识算法，每一笔交易都能很快达到最终

---

① JavaScript，一种解释型的脚本语言。——编者注

确定性，降低了跨链交易的延时；

（2）每一个 DApp（分布式应用）都可以部署在一个独立的侧链上，与其他 DApp 隔离，避免出现一个 DApp 拥堵整条链的情况，起到了水平扩容的效果。

5 800 000 美元	筹资金额	18 439 086 美元
100M LISK+Forging	总量	72M ETH+Mining
8M LISK	基金会留存	12M ETH
85M LISK ICO	分配	60M ETH ICO
1年：15.7M 2年：12.6M 3年：9.4M	出矿奖励	1年 Casper release: 13M
DPos	共识机制	PoW
10 秒	出块时间	15 秒
JavaScript	编程语言	Solidity

跨链案例：瑞波的 InterLedger——跨银行的全球清算系统

瑞波的目标是通过共识账本技术构建一个全球支付网络，让世

账本1　　账本2

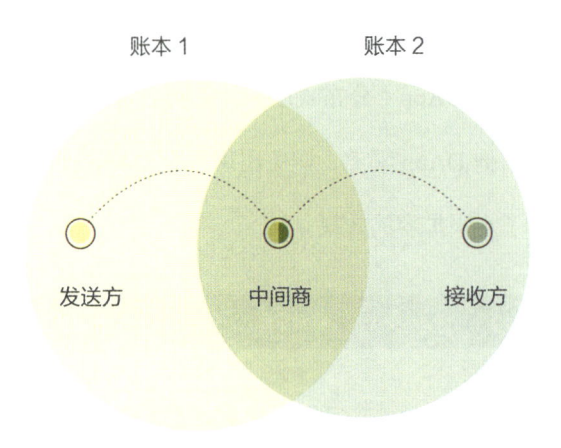

发送方　　中间商　　接收方

界各地的银行可以无须中央对手方或代理银行就可直接交易，从而使世界上的不同货币（包括法定货币和虚拟货币）自由、近乎免费、零延时地进行汇兑。

瑞波的最底层是一个共识账本，共识算法名为"瑞波共识协议"，它属于一种联盟链的共识算法。瑞波还定义了InterLedger（ILP）跨账本交易协议。此协议让瑞波账本既可以连接其他区块链系统，也可以连接银行、移动支付、自动清算、P2P支付等金融机构。所以，瑞波不是一个孤立的账本体系，而是一个通过InterLedger跨账本交易协议与许多大型金融机构互联互通的账本体系。

InterLedger 跨账本交易协议通过公证人机制建立银行账户与瑞波账本的双向映射关系。在银行间汇兑过程中，它利用这个双向锚定机制，把发起者、流动性提供者，接收者的资金托管账户都映射到瑞波账本上，让托管账户的行为透明化，同时采用哈希时间锁定协议，保证关联转账交易的原子性，最终实现去信任、高效的银行汇兑。

跨境汇款案例分析

假设在美国的 A 公司需要向在欧元区的 B 公司支付 100 欧元。A 公司在美国有美元账户，B 公司在欧元区有欧元账户，流动性提供者同时在美元银行和欧元银行开设账户，并且在欧元账户持有头寸。美元银行和欧元银行之间的跨境汇款使用瑞波的 InterLedger 跨账本交易协议完成最终的清算。

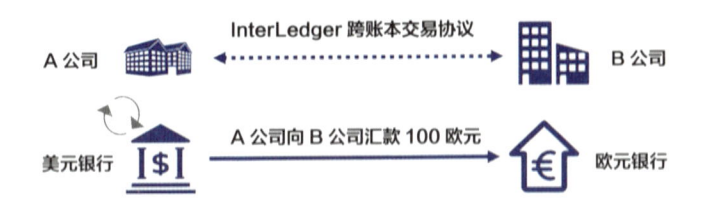

整个汇款过程涉及三个账本和四个参与方。三个账本分别是美元银行账本、欧元银行账本、InterLedger 账本。四个参与方分别是付款方 A 公司、收款方 B 公司、流动性提供者 C 和瑞波资金托管者。

A 公司有美元账户，B 公司有欧元账户。流动性提供者 C 有美元账户和欧元账户，同时也在 InterLedger 账本中有美元/欧元账户。银行账户与 InterLedger 账户双向映射。瑞波资金托管者在美元银行和欧元银行分别开设独立托管账户，这两个托管账户与 InterLedger 账本中的托管（Hold）账户双向映射，最后资金由瑞波网络负责清算。

汇款流程详解

（1）汇款前准备：流动性提供者 C 预存准备金

在交易发起之前，流动性提供者 C 在欧元银行中存入 1 000 欧元，再将其全部转入瑞波独立托管账户，用于这笔交易的流动性支出，并且将美元/欧元汇率报价提供给外汇交易市场。瑞波将独立托管账户的存款同步到流动性提供者 C 在瑞波账本中的欧元账户。此时各个账户的状态如下页图所示。

（2）付款方 A 公司询价

A 公司在外汇报价市场中选择汇率最低的流动性提供者 C，确认汇率为 1 欧元兑 1.25 美元，所以 A 公司要付款 125 美元。A 公司获取 B 公司的欧元收款账户信息，然后将收款人的银行账户和转账金额等信息打包并广播到瑞波网络中。

美元银行账本	
账户	余额
A 公司	$125
流动性提供者 C	/
瑞波独立托管账户	/

欧元银行账本	
账户	余额
B 公司	€ 0
流动性提供者 C	€ 0
瑞波独立托管账户	€ 1 000

瑞波网络上的 InterLedger 账本	
账户	余额
美元银行（Hold）	/
流动性提供者 C	/

瑞波网络上的 InterLedger 账本	
账户	余额
欧元银行（Hold）	/
流动性提供者 C	€ 1 000

（3）A 公司支付美元

美元银行将 A 公司账户的 125 美元转到瑞波独立托管账户，账户余额的变动映射到瑞波网络账本的托管账户中，美元银行（Hold）账户余额更新为 125 美元，转账证明被发送给验证人，证明来自美元银行（Hold）账户的资金已经到账。此时各个账户的状态如下图所示。

美元银行账本	
账户	余额
A 公司	$0
流动性提供者 C	/
瑞波独立托管账户	$125

瑞波网络上的 InterLedger 账本	
账户	余额
美元银行（Hold）	$125
流动性提供者 C	/

欧元银行账本	
账户	余额
B 公司	€ 0
流动性提供者 C	€ 0
瑞波独立托管账户	€ 1 000

瑞波网络上的 InterLedger 账本	
账户	余额
欧元银行（Hold）	/
流动性提供者 C	€ 1 000

（4）从流动性提供者 C 的欧元账户计提欧元

在 InterLedger 账本中，流动性提供者 C 的欧元账户被转出 100 欧元到欧元银行（Hold）账户，并且转账证明被发送给验证人，证明来自欧元银行（Hold）账户的资金已经到账。此时各个账户的状态如下图所示。

美元银行账本	
账户	余额
A 公司	$0
流动性提供者 C	/
瑞波独立托管账户	$125

瑞波网络上的 InterLedger 账本	
账户	余额
美元银行（Hold）	$125
流动性提供者 C	/

欧元银行账本	
账户	余额
B 公司	€ 0
流动性提供者 C	€ 0
瑞波独立托管账户	€ 1 000

瑞波网络上的 InterLedger 账本	
账户	余额
欧元银行（Hold）	€ 100
流动性提供者 C	€ 900

(5）资金清算

验证人收到两个转账证明且验证通过之后，开始触发瑞波网络在 InterLedger 账本上进行资金清算。通过哈希时间锁定原子交易协议，同时释放美元银行（Hold）账户资金与欧元银行（Hold）账户资金。由于双向锚定机制，把 InterLedger 账本上的转账分别同步到美元银行账本和欧元银行账本。

最终 A 公司的 125 美元支付给了流动性提供者 C，流动性提供者 C 把 100 欧元支付给了 B 公司，流动性提供者 C 居中提供了汇兑服务，整个汇款过程完成。最终各个账户的状态如下图所示。

美元银行账本	
账户	余额
A 公司	$0
流动性提供者 C	$125
瑞波独立托管账户	/

欧元银行账本	
账户	余额
B 公司	€ 100
流动性提供者 C	€ 0
瑞波独立托管账户	€ 900

瑞波网络上的 InterLedger 账本	
账户	余额
美元银行（Hold）	$0
流动性提供者 C	$125

瑞波网络上的 InterLedger 账本	
账户	余额
欧元银行（Hold）	€ 0
流动性提供者 C	€ 900

InterLedger 跨账交易协议使两个不同的记账系统可以通过流动性提供者自由兑换货币。记账系统无须信任第三方流动性提供者。该协议采用公证人机制，将银行资金转账映射到 InterLedger 账本上，再利用区块链的公开性、透明性、可编程性实现跨银行的清算，大大提高了跨境转账的效率和安全性。

跨链案例：波卡链——创新的平行链和多链桥接技术

波卡链的愿景是解决异构多链互联互通问题，支持众多高度差异化的共识系统在完全去中心化的网络中交互操作，允许去信任地相互访问各区块链，同时向后兼容一个或多个现有的网络，比如以太坊等。

在异构多链架构里，波卡链的定位是一条中继链，作为跨链通信的枢纽连接其他链，其本身不关注区块链平台上应用的丰富性，只实现尽可能少的功能。它提供一套通用的跨链协议，其他兼容此协议的区块链系统都可以通过波卡链互联互通。

为了支撑中继链的功能，波卡链有如下技术特点。

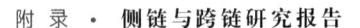

激励和监督的机制——网络中的基本角色划分为四种，其中验证人需要锁定押金才能获取记账权，用于惩罚将来的不当行为。验证人参与记账共识，并且验证平行链上的数据；提名人为验证人提供押金和信用背书；收集人采集平行链上的数据并且提交给验证人；钓鱼人作为赏金猎人，监督其他参与者的恶意企图。

算法：采用基于 PoS 的共识算法，系统内有 144 个验证人，出 1 个块的时间为 4 秒，达到最终确定性需要 1 个小时（900 个块）。

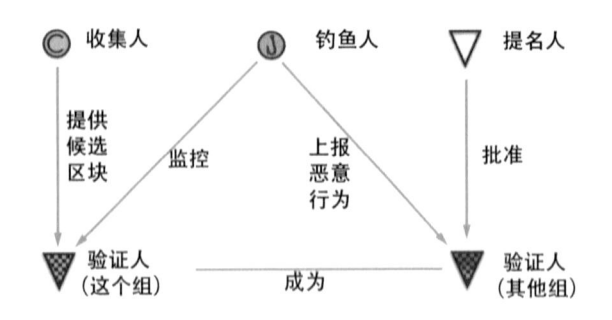

智能合约：内置一些特定的系统合约，包括共识合约、验证人合约、平行链合约，不支持公开部署合约。

平行链的注册：简单的类数据库的结构，管理着平行链的静态信息和动态信息。

平行链的验证：建立了验证平行链数据的共识机制。

跨链交易路由：提供一个无须任何信任人的跨链消息路由机。

手续费：使用通用的手续费标准，没有资源计数器。

波卡链到以太坊的跨链机制

以波卡链与以太坊的双向跨链通信为例，来阐述跨链通信的机制设计。

以太坊作为消息的接收者，需要验证转发自波卡链的跨链消息。前文中提到，跨链验证模式有公证人联盟模式和区块头Oracle+SPV模式。

由于波卡链的出块频率比较高，且第二种模式需要以太坊存储大量区块头数据，所以以太坊采用了第一种模式。让验证人先签名，然后再转发给以太坊，在那里通过合约来解释和执行。

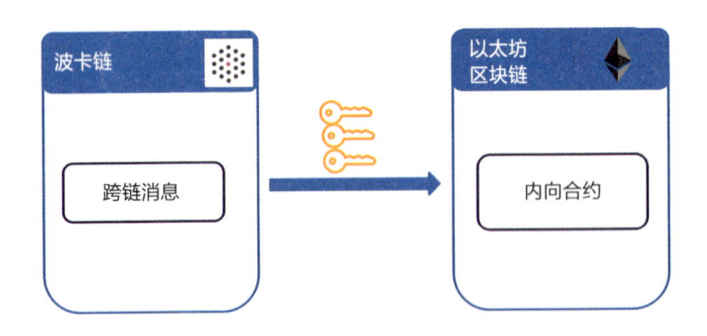

波卡链由 144 个公证人组成联盟。依据拜占庭容错算法，每个跨链消息需要 97 个公证人签名。

以太坊需要部署一个内向合约控制和维护 144 个签名，验证来自波卡链的跨链消息。

一个跨链消息首先由波卡链验证人在本地验证，验证通过且在一个小时内没有被撤回就被最终确认签名，收齐 97 个签名之后由验证人发送到以太坊的内向合约。内向合约验证所有签名通过后即认为跨链验证通过。

以太坊到波卡链的跨链机制

波卡链采用区块头 Oracle+SPV 模式接收并且验证来自以太坊的跨链消息。

波卡链提供一个接收以太坊新区块头的接口，以通证鼓励第三方参与者提交以太坊的新区块头，同时要求参与者提交押金。一旦钓鱼人发现参与者作弊，就扣除押金作为惩罚。以此奖惩机制建立去中心化的区块头 Oracle。另外，波卡链需要部署一个中继合约，根据已知的区块头验证来自以太坊的 SPV 证明。

以太坊需要部署外向合约，把待转发的消息输出到以太坊日志，日志可以通过 SPV 的方式验证。

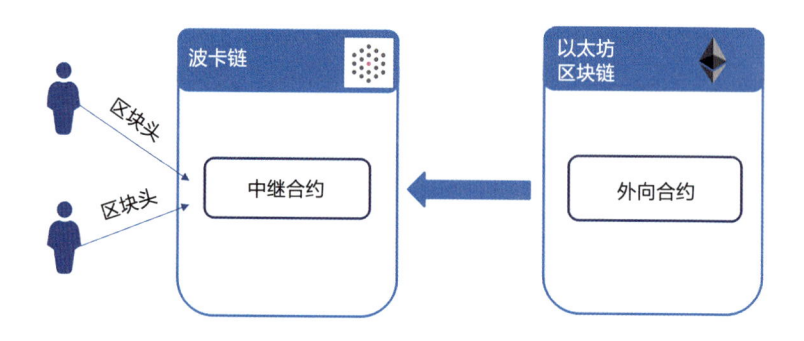

跨链通信流程如下：待转发的消息通过外向合约输出到以太坊日志；生成日志的 SPV 证明，并且发送至波卡链的中继合约；如果中继合约的验证通过，并且此日志已经积累了 120 个确认，就被最终确认。

附录 · 侧链与跨链研究报告

结语

以比特币、以太坊为代表的公有链项目已经向我们展示了区块链的巨大发展前景，但是由于区块链本身的技术特点，单链解决方案受到去中心化、安全性、可扩展性的不可能三角的约束，在可扩展性上一直缺少革命性的突破。

侧链及跨链方案带来新的解决思路。

使用资产双向锚定、单一资产跨链能够扩展应用场景。通过双向锚定技术，可以把一条链上的资产转移到其他链上。借助新的区块链系统，可以大大扩展原有资产的技术特性和应用场景，不但可以分担主链上的交易，节约主链的存储、计算、网络等资源，避免主链上的交易拥堵，而且不会损害原有代币的价值。

同构跨链，水平扩容。侧链及跨链技术也为实现水平扩容解决方案提供了可能。分片技术将一个主链分成若干个同构的子链。每一条子链的功能和性能都是类似的。用户的资产选择其中一些子链管理，通过跨链技术，这些资产可以在子链之间转移和交互。系统的交易可以在多个子链上并行处理，达到水平扩容的

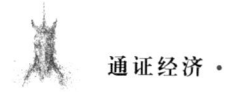

效果。另外，DApp 也可以部署在自己专属的子链上，和其他子链上的 DApp 隔离。在提高性能的同时，也提高了安全性：不受其他子链上的 DApp 的影响。

异构跨链，构建多链资产的去中心化交易。去中心化交易所是异构跨链技术的主要应用领域。长期以来，去中心化交易一直受跨链技术的制约，当前的去中心化交易只能提供同一个公有链上的资产交易服务。未来，跨链技术可以帮助去中心化交易所突破这个限制，支持任意两个公有链上资产的交易。

侧链及跨链技术的兴起，为突破单链可扩展性的限制带来了希望，但是目前的侧链及跨链技术还有不少开放式的问题没有得到彻底解决，随着更多区块链开发者在这个领域的探索和实验投入，侧链及跨链技术有望在近两年实现巨大的突破。

参考文献

第1章 概念篇

1. 德勤中国. 金融创新：企业、监管与市场的挑战［M］. 上海：上海交通大学出版社，2014.

2. 德勤中国. 金融创新：企业、监管与市场的挑战［M］. 上海：上海交通大学出版社，2014.

3. 成长教练昕霏. token 不是代币，是通证［EB/OL］.（2018-08-29）. https://www.jianshu.com/p/8f7ac326f2c6.

第2章 理论篇

1. 谢芳. 知识产权交易的经济理论溯源［J］. 科技促进发展，2017（12）：1-5.

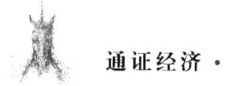

2. 韩继坤 . 技术创新、制度创新与科技园区发展研究［D］. 武汉：华中科技大学，2007.

3. 刘伟，李风圣 . 产权范畴的理论分歧及其对我国改革的特殊意义［J］. 经济研究，1997（1）：1-9.

4. 胡乐明 . 真实世界的经济学：新制度经济学纵览［M］. 北京：当代中国出版社，2002：附录 .

5. 杨斯淇 . 浅析新制度经济学及其发展［J］. 经营者，2017（3）：1.

6. 杨斯淇 . 浅析新制度经济学及其发展［J］. 经营者，2017（3）：1.

7. 张福军 . 关于国内马克思制度变迁理论研究的述评［J］. 山东社会科学，2008（1）：105-108.

第 3 章　技术篇

1. 中本聪 . 创造比特币的动机、原因是什么？［EB/OL］.（2016-10-23）. http://www.wanbizu.com/baike/201610237669.html.

2. 中本聪 . 比特币白皮书：一种点对点的电子现金系统［EB/OL］. https://www.8btc.com/wiki/bitcoin-a-peer-to-peer-electronic-cash-system.

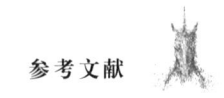

3. MRIVANDU. 区块链核心概念注解［EB/OL］.（2018-03-08）. https://blog.csdn.net/solaraceboy/article/details/79485820.

4. 江海涛，卜国祥."虚拟货币"的风险剖析［J］. 中国金融电脑，2014（7）：79-81.

5. 于旭，梅文. 物联网信息安全［M］. 西安：西安电子科技大学出版社，2014.

6. 袁方，王兵，李继民. 计算机导论［M］. 北京：清华大学出版社，2014.

7. 企鹅号－盘界和币圈. 区块链的发展历史［EB/OL］.（2018-06-12）. https://cloud.tencent.com/developer/news/241165.

8. 链闻. 比特币先驱人物志：戴伟 Wei Dai［EB/OL］.（2018-01-22）. https://www.sohu.com/a/218196892_100105055.

9. 王秀芬. 对等网络分布式存储系统的研究［D］. 天津：天津大学，2010.

第 4 章 设计篇

1. 央视财经. 大佬们争相入局！ 100W 年薪招揽区块链技术人才

［EB/OL］.（2018-06-15）.http://www.sohu.com/a/235877707_505800.

2. 央视财经.大佬们争相入局！100W年薪招揽区块链技术人才［EB/OL］.（2018-06-15）.http://www.sohu.com/a/235877707_505800.

3. 成长教练昕霏.token不是代币，是通证［EB/OL］.（2018-08-29）.https://www.jianshu.com/p/8f7ac326f2c6.

4. 亿欧，邹传伟.哈佛梅森学者邹传伟：我们对区块链共识和信任的三个误解［EB/OL］.（2018-03-03）.https://www.iyiou.com/p/67189.html.

5. 亿欧，邹传伟.哈佛梅森学者邹传伟：我们对区块链共识和信任的三个误解［EB/OL］.（2018-03-03）.https://www.iyiou.com/p/67189.html.

6. 谢平，邹传伟，刘海二.互联网金融手册［M］.北京：中国人民大学出版社，2014.

第5章 未来篇

1. 深圳大学.信息化建设—新技术［EB/OL］.（2016-07-01）.

参考文献

http://www.doc88.com/p7837719901213.html.

2. 李扬，王国刚.华尔街的堕落：美国公司财务造假大案剖析[M].北京：社会科学文献出版社，2003.

3. 亿欧，邹传伟.哈佛梅森学者邹传伟：我们对区块链共识和信任的三个误解[EB/OL].（2018–03–03）.https://www.iyiou.com/p/67189.html.

4. 曹晓冬.企业并购理论及其效应分析[D].上海：复旦大学，2004.

5. 亿欧，邹传伟.哈佛梅森学者邹传伟：我们对区块链共识和信任的三个误解[EB/OL].（2018–03–03）.https://www.iyiou.com/p/67189.html.

6. 成长教练昕霏.token不是代币，是通证[EB/OL].（2018-08–29）.https://www.jianshu.com/p/8f7ac326f2c6.

7. 郭玥旻.布局26年爱沙尼亚数字化远超中国我们为什么落后？[EB/OL].（2017–10–17）.https://www.jinse.com/news/blockchain/80613.html.

8. 郭玥旻.布局26年爱沙尼亚数字化远超中国 我们为什么落

后？［EB/OL］.（2017-10-17）. https://www.jinse.com/news/blockchain/80613.html.

9. 逃离说美食. 在利用区块链推进国家治理方面，也许很少有人知道［EB/OL］.（2018-05-07）. http://html2.qktoutiao.com/detail/2018/05/07/26461070.html.

10. 经理人分享百科. 个体行为［EB/OL］.http://www.managershare.com/wiki/ 个体行为.

11. 零识区块链. 通证（token）经济的奥秘［EB/OL］.（2018-04-20）. https://www.chainnews.com/articles/957988216532.htm.

12. 何中华. 儒家与自由主义：人性论分野及其历史文化后果［J］. 文史哲，2016（1）：49–58.

13. EGONetworks.哈佛梅森学者邹传伟：泡沫与机遇——数字加密货币和区块链金融九问［EB/OL］.（2018-02-01）. https://www.sohu.com/a/220340768_256833.

14. EGONetworks.哈佛梅森学者邹传伟：泡沫与机遇——数字加密货币和区块链金融九问［EB/OL］.（2018-02-01）. https://www.sohu.com/a/220340768_256833.

15. 宋涛. 政治经济学教程 资本主义部分［M］. 北京：中国人民大学出版社，2013.

16. 成保良，杨志，邱海平.《资本论》的范畴和原理：问题解答［M］. 北京：经济科学出版社，2000.

17. CAM 中企矩阵. AI 改变了生产力，看区块链如何改变生产关系？［EB/OL］.（2018-08-17）. https://blog.csdn.net/weixin_42673075/article/details/81776935.